essentials

essentials liefern aktuelles Wissen in konzentrierter Form. Die Essenz dessen, worauf es als „State-of-the-Art" in der gegenwärtigen Fachdiskussion oder in der Praxis ankommt. *essentials* informieren schnell, unkompliziert und verständlich

- als Einführung in ein aktuelles Thema aus Ihrem Fachgebiet
- als Einstieg in ein für Sie noch unbekanntes Themenfeld
- als Einblick, um zum Thema mitreden zu können

Die Bücher in elektronischer und gedruckter Form bringen das Fachwissen von Springerautor*innen kompakt zur Darstellung. Sie sind besonders für die Nutzung als eBook auf Tablet-PCs, eBook-Readern und Smartphones geeignet. *essentials* sind Wissensbausteine aus den Wirtschafts-, Sozial- und Geisteswissenschaften, aus Technik und Naturwissenschaften sowie aus Medizin, Psychologie und Gesundheitsberufen. Von renommierten Autor*innen aller Springer-Verlagsmarken.

Hans-Christian Brauweiler ·
Christian Berger

Nachhaltigkeitsstandards in der Kreditvergabe im Firmenkundengeschäft

Überblick, Einordnung und
Bewertung der aufsichtsrechtlichen
Anforderungen

Hans-Christian Brauweiler
WHZ Zwickau
Zwickau, Deutschland

Christian Berger
Leipzig, Deutschland

ISSN 2197-6708   ISSN 2197-6716 (electronic)
essentials
ISBN 978-3-658-42545-6   ISBN 978-3-658-42546-3 (eBook)
https://doi.org/10.1007/978-3-658-42546-3

Die Deutsche Nationalbibliothek verzeichnet diese Publikation in der Deutschen Nationalbibliografie; detaillierte bibliografische Daten sind im Internet über http://dnb.d-nb.de abrufbar.

Planung/Lektorat: Guido Notthoff
Springer Gabler ist ein Imprint der eingetragenen Gesellschaft Springer Fachmedien Wiesbaden GmbH und ist ein Teil von Springer Nature.
Die Anschrift der Gesellschaft ist: Abraham-Lincoln-Str. 46, 65189 Wiesbaden, Germany

Was Sie in diesem *essential* finden können

- Definitionen von Nachhaltigkeitsbegriff sowie Überblick ausgewählter Nachhaltigkeitsstandards im Bereich Finanzierung und Finanzwirtschaft
- Bedeutung der Nachhaltigkeitsstandards bei der Kreditvergabe
- Bankenaufsichtsrechtliche Regelungen in Bezug auf Nachhaltigkeitsrisiken
- Selbstverpflichtung der Finanzbranche sowie deren Umsetzung
- Berücksichtigung von Nachhaltigkeitsstandards bei der Kreditvergabe

Geleitwort

Das geschäftliche Umfeld von Kreditinstituten ist nach wie vor von einer hohen Dynamik gekennzeichnet. In den zurückliegenden 15 Jahren wurde der Finanzsektor mit einer Reihe von Ereignissen und zum Teil weitreichenden marktseitigen Verwerfungen konfrontiert, deren Häufung, zeitliche Nähe zueinander sowie Interdependenzen Kreditinstitute vor große Herausforderungen stellte. Genannt seien in diesem Zusammenhang unter anderem der Zusammenbruch der *Lehman Brothers Holdings Inc.* im Jahr 2008 sowie die sich daran anschließende Bankenkrise ab 2009, die Eurokrise ab 2010 sowie die kontinuierliche Senkung bedeutender globaler Leitzinssätze in der zweiten Dekade des 21. Jahrhunderts, welche innerhalb des EURO-Raums in einer langanhaltenden Nullzins-Phase kulminierte und korrespondierend die Bruttozinsspanne des Kreditgeschäfts der Banken zulasten ihrer Ertrags- und Finanzlage drückte. Zwar reagierte der an der Bank für Internationalen Zahlungsausgleich (BIS) ansässige Baseler Ausschuss für Bankenaufsicht (BCBS) mit den beiden aufeinander aufbauenden Regulierungspaketen Basel III und Basel IV – offiziell als *Finalisierung von Basel III* bezeichnet –, verbunden mit dem Ziel, die Krisenresilienz von Kreditinstituten zu erhöhen. Demgegenüber ist zu konstatieren, dass zum einen der mit den genannten Regulierungen verbundene Implementierungsaufwand zum Teil erhebliche Kosten nach sich zog und zum anderen weiterhin Kreditinstitute unter staatliche Rettungsschirme gestellt oder fusioniert wurden. In diesem Zusammenhang ist als herausragendes Beispiel die traditionsreiche, seit 1856 existierende *Credit Suisse Group AG* zu nennen, welche als eine der 30 globalen systemrelevanten Großbanken (G-SIB) einer besonders strengen Aufsicht unterlag und dennoch im März 2023 infolge lang anhaltender wirtschaftlicher Schieflage ausgerechnet vom Erzrivalen, der *UBS Group AG,* übernommen werden musste. Des Weiteren sind Kreditinstitute mit der Problematik konfrontiert, dass die zur Eindämmung der Inflationsraten in bemerkenswert kurzen Intervallen erfolgten teils beträchtlichen Anhebungen global bedeutender Leitzinssätze dazu führen, dass die in den sogenannten A-Depots zum Zwecke des Eigenhandels gehaltenen Rentenpapiere umfangreichen Wertberichtigungen ausgesetzt sind, welche wiederum die Ertragslage der Kreditinstitute beeinträchtigen. In den Kontext dieser Entwicklung sind unter anderem das Kollabieren der *Silicon Valley Bank Corp.,* der *Signature Bank PC.* sowie der *First Republic Bank Corp.* in den Vereinigten Staaten von Amerika innerhalb der ersten Jahreshälfte 2023 zu stellen. Zum Stand des Erscheinens des vorliegenden Buches sind etwaige Auswirkungen genannter Zusammenbrüche auf die globale Finanz- und Realwirtschaft noch nicht absehbar.

Darüber hinaus erhöht sich die Komplexität der Geschäftsprozesse von Kreditinstituten in jüngerer Vergangenheit zusätzlich dadurch, dass der omnipräsente Megatrend der Nachhaltigkeit in zunehmendem Maße als Bestandteil der Bankenregulierung Raum greift. Aufgrund der Tatsache, dass sich ebenso Investitionen in umwelt- und klimaschonende Technologien – wie jegliche Investitionen – lediglich mittels adäquat dimensionierter Finanzierungen realisieren lassen, treten Kreditinstitute in ihrer Funktion als Finanzintermediär gleichermaßen als Kapitalgeber für derlei Investitionsobjekte in Erscheinung. Verbunden mit dem Ziel, dieser Entwicklung aus politischer Perspektive einen besonderen Impetus zu verleihen, entwickelten die Europäische Kommission, der Europäische Rat sowie das EU-Parlament im Zeitraum zwischen 2018 bis 2020 die Verordnung (EU) 2020/852, welche unter dem Begriff der *EU-Taxonomie-Verordnung* Bekanntheit erlangte. Mithilfe der in ihr niedergelegten Kriterien sollen Investoren, unter welche ebenso Kreditinstitute zu subsumieren sind, zum einen befähigt werden, den Grad der ökologischen Nachhaltigkeit einer geplanten Investition zu quantifizieren. Zum anderen regelt die Verordnung die Art und Weise sowie den Umfang der mit Nachhaltigkeitsinvestitionen in Zusammenhang stehenden Verpflichtungen zur Offenlegung, unter welche ebenso die mit den Investitionen korrespondierenden Risiken fallen. Mit Verweis auf das traditionelle 3-Säulen-Modell des Baseler Rahmenwerks gelten für Kreditinstitute die Bestimmungen zu Aspekten der Offenlegung, welche innerhalb der 3. Säule verankert sind, im Besonderen jene zu ESG-Risiken gemäß Capital Requirements Regulation III (CRR III).

Vor dem Hintergrund der Komplexität vorbezeichneter Sachverhalte ist es außerordentlich wertvoll, dass es den Verfassern des vorliegenden Buches, dem Bankkaufmann und Wirtschaftswissenschaftler *H.-Christian Brauweiler* sowie dem Bankkaufmann und Referent Risikomanagement einer großen deutschen Sparkasse *Christian Berger,* hervorragend gelingt, einen weitreichenden inhaltlichen Bogen zur Thematik zu spannen und hierbei gleichzeitig die Ausführungen lesergerecht auf ein erforderliches Mindestmaß zu komprimieren. Möge dieser Band einen bedeutenden Beitrag dazu leisten, die Kenntnis im Hinblick auf den aktuellen Stand der Regulatorik sowie auf praktische, mit Nachhaltigkeit in Verbindung stehende Aspekte der Kreditvergabe im B2B-Bereich auf ein breites Fundament zu stellen. Demgemäß empfiehlt sich die Lektüre gleichermaßen Studierenden der Betriebswirtschaftslehre, insbesondere mit den Vertiefungsprofilen Bankbetriebslehre, Betriebliches Rechnungswesen, Controlling, Risikomanagement, Interne Revision sowie Finanzmanagement, wie auch Praktikern aus der Finanzbranche sowie auch Mitarbeitenden in nichtfinanziellen Kapitalgesellschaften, welche klimapolitisch relevanten Sektoren zugeordnet sind.

Prof. Dr. rer. pol. habil. Dr. h. c. Bernd Zirkler
Eckprofessur für Allgemeine Betriebswirtschaftslehre,
insbesondere Rechnungswesen/Controlling,
Westsächsische Hochschule Zwickau

Inhaltsverzeichnis

Abkürzungsverzeichnis

AT	Allgemeiner Teil
BaFin	Bundesanstalt für Finanzdienstleistungsaufsicht
BCBS	Basel Committee on Banking Supervision
BMF	Bundesministerium der Finanzen
BTO	Besonderer Teil, Anforderungen an die Aufbau- und Ablauforganisation
CRR	Capital Requirements Regulation
CSRD	Corporate Sustainability Reporting Directive
DK	Die Deutsche Kreditwirtschaft
DNK	Deutscher Nachhaltigkeitskodex
DZ-Bank	Deutsche Zentral-Genossenschaftsbank
EBA	European Banking Authority
ESG	Environment, Social, Governance
ESRB	European Systemic Risk Board
EZB	Europäische Zentralbank
EFFAS	European Federation of Financial Analysts Societies
FAQ	Frequently Asked Questions
GAR	Green Asset Ratio
GLS	Gemeinschaftsbank für Leihen und Schenken
GRI	Global Reporting Initiative
GSFCG	Green and Sustainable Finance Cluster Germany
HGB	Handelsgesetzbuch
HLEG	High-Level Expert Group on sustainable finance
InstitutsVergV	Institutsvergütungsverordnung
IRB	Internal Rating Based
KMU	Kleinstunternehmen, kleine und mittlere Unternehmen

KPI	Key Performance Indicator
KRI	Key Risk Indicator
KWG	Kreditwesengesetz
LSI	Less Significant Institution
MaRisk	Mindestanforderungen an das Risiko-management
NFRD	Non-Financial Reporting Directive
NGFS	Network for Greening the Financial System
NGO	Non-Governmental Organization
RZ	Randziffer
SDG	Sustainable Development Goal
SI	Significant Institution
SSM	Single Supervisory Mechanism
UNEPFI	United Nations Environment Programme Finance Initiative

Einleitung

1

Nach langen Jahren in der gesellschaftlichen Nische hat sich das Thema Nachhaltigkeit zu einem Megatrend entwickelt und besetzt nunmehr nahezu alle Bereiche des täglichen Lebens.[1] Da die Folgen von nicht nachhaltigem Handeln und Wirtschaften – nicht zuletzt in Form des Klimawandels – zunehmend spürbarer werden, nehmen Nachhaltigkeitsaspekte eine immer größere Rolle in der gesellschaftlichen Diskussion sowie in politischen Entscheidungsprozessen ein.[2] Die EU sieht sich beim Thema Nachhaltigkeit in einer Vorreiterrolle und verfolgt das Ziel, bis 2050 der erste klimaneutrale Kontinent zu werden. Hierfür beschloss die EU mit dem Green-Deal ein umfassendes Regulierungspaket, um die dazu notwendige Transformation der Wirtschaft auf den Weg zu bringen.[3] Für die dazu erforderlichen Finanzmittel – allein bis zum Jahr 2030 schätzungsweise 180 Mrd. EUR jährlich[4] – werden öffentliche Gelder allein nicht ausreichen, weshalb auch erhebliche private Unternehmensinvestitionen notwendig sind.[5] In ihrer Funktion als Finanzintermediäre fällt den Banken und Sparkassen an dieser Stelle eine bedeutende Rolle zu. Ihre Aufgabe ist es, die Unternehmen auf dem

---

[1] Vgl. Waschbusch et al., 2021, S. 5; Hellenkamp, 2022, S. 76 sowie Rothermel/Follert, 2022, S. 26.

[2] Vgl. Hammerschmidt/Seemann, 2021, S. 22; McKinsey & Company, 2021, S. 6; Platt et al., 2022, S. 2 sowie Thimann, 2019, S. 63.

[3] Vgl. Berensmann, 2022, S. 33 und S. 36; sowie Hammerschmidt/Seemann, 2021, S. 23 f.

[4] Vgl. Europäische Kommission, 2018, S. 3 sowie Bormann/Grebhahn, 2019, S. 14.

[5] Vgl. Grunow/Zender, 2020, S. 1 f.

Weg zum nachhaltigen Wirtschaften mit entsprechenden Beratungs-, Produkt- und nicht zuletzt passenden Finanzierungslösungen zu begleiten.[6]

Die Finanzierung dieser Wirtschafts- bzw. Unternehmenstransformation stellt für die Banken ein schnell wachsendes Geschäftsfeld mit großen Ertragschancen dar.[7] Demgegenüber gilt es für die Institute, Nachhaltigkeitsrisiken für die von ihnen finanzierten Unternehmen und die damit verbundenen Auswirkungen auf ihr eigenes Kreditgeschäft, zu berücksichtigen.[8] Die Relevanz von Nachhaltigkeitsrisiken in den Kreditportfolien der europäischen Banken zeigt beispielhaft eine gemeinsame Erhebung des ESRB und der EZB aus dem Jahr 2021, die feststellte, dass 52 % des Kreditvolumens an nichtfinanzielle Kapitalgesellschaften in klimapolitisch relevanten Sektoren vergeben waren.[9] So überrascht es nicht, dass der Umgang der Kreditinstitute mit Nachhaltigkeitsaspekten, speziell mit Nachhaltigkeitsrisiken, zunehmend in den Blickpunkt der Aufsicht rückt und die Berücksichtigung dieser Risiken im Risikomanagement der Institute sowie bei deren Kreditvergabe immer deutlicher von den Aufsichtsbehörden gefordert wird.[10]

Dieses *essential* betrachtet das Spannungsfeld, in dem sich die Kreditwirtschaft in diesem Kontext aktuell befindet, welches sich aus den Marktpotenzialen der Unternehmensfinanzierung im Zuge der Umstellung auf eine nachhaltige Wirtschaft und einer stärkeren Würdigung von Nachhaltigkeitsaspekten und -risiken durch Institute und Aufsicht zusammensetzt. Es werden die Herausforderungen, Chancen und Risiken betrachtet, welche sich hieraus für Banken und Sparkassen ergeben und ein Überblick über die aktuellen Umsetzungsgrade der Institute erstellt.

---

[6] Vgl. Sidki et al., 2021, S. 48; Betz, 2022, S. 35; Hellenkamp, 2022, S. 76 f. sowie Siemensmeyer, 2021, S. 34.

[7] Vgl. Bouazza, 2022, S. 31 sowie Loa, 2020, S. 14.

[8] Vgl. Hammerschmidt/Seemann, 2021, S. 23 f.

[9] Vgl. EZB, 2021, S. 24.

[10] Vgl. Brauweiler, 2015, S. 25; Sidki et al., 2021, S. 49; Hammerschmidt/Seemann, 2021, S. 24; Wimmer/Ender, 2020, S. 20 f. sowie Betz, 2022, S. 35.

Grundlagen

2

2.1   Annäherung an den Nachhaltigkeitsbegriff

Für den Begriff „Nachhaltigkeit" existiert keine einheitliche Definition, vielmehr wird er in höchst unterschiedlichen Zusammenhängen und mit zum Teil sehr verschiedenen Bedeutungen verwendet.[1]

Dies ist umso bemerkenswerter, da seit der ersten Erwähnung des Nachhaltigkeitsbegriffs über 300 Jahre vergangen sind. Hans Carl von Carlowitz nutzte den Begriff in seinem Werk „Sylvicultura oeconomica" bereits 1713 in Verbindung mit der Forstwirtschaft. Er stellte fest, dass nur so viel Holz geschlagen werden darf, wie in gleicher Art und Menge nachwächst.[2] Seit der Begriffseinführung von Carl von Carlowitz hat sich das Nachhaltigkeitsverständnis jedoch deutlich weiterentwickelt. So stellten die rund 10.000 Teilnehmer der UNO-Konferenz für Umwelt und Entwicklung 1992 in Rio de Janeiro fest, dass ein ganzheitlicher Nachhaltigkeitsansatz, neben ökologischen auch soziale und ökonomische Aspekte berücksichtigen muss.[3] Über diese drei Dimensionen der Nachhaltigkeit – Ökologie, Ökonomie und Soziales – besteht heute ein breiter Konsens in der Literatur. Unter ökologischer Nachhaltigkeit werden die Bemühungen verstanden, die Natur und die Umwelt für zukünftige Generationen zu erhalten. Die ökonomische Dimension bezieht sich auf die Schaffung dauerhaften Wohlstands,

---

[1] Vgl. Eckhardt, 2020, S. 28 sowie Schulte-Tickmann, 2023, S. 1.

[2] Vgl. Krimpove, 2019, S. 39 sowie Lehmann, 2022, S. 62.

[3] Vgl. Bauer/Weinlich, 2012, S. 2 sowie Sailer, 2013, S. 25–26.

© Der/die Autor(en), exklusiv lizenziert an Springer Fachmedien Wiesbaden GmbH, ein Teil von Springer Nature 2023
H.-C. Brauweiler und C. Berger, *Nachhaltigkeitsstandards in der Kreditvergabe im Firmenkundengeschäft*, essentials,
https://doi.org/10.1007/978-3-658-42546-3_2

die den pfleglichen Umgang mit den hierfür notwendigen Ressourcen beinhaltet. Die soziale Nachhaltigkeitskomponente definiert sich schließlich über die Schaffung einer zukunftsfähigen, lebenswerten Gesellschaft.[4]

Da es in der konkreten Ausgestaltung dieser Nachhaltigkeitsdimensionen jedoch weiterhin einen deutlichen Interpretationsspielraum gibt, haben sich verschiedene Nachhaltigkeitsstandards entwickelt, von denen zwei für die Themenstellung dieses *essentials* Bedeutende nachfolgend erläutert werden.

2.2   Ausgewählte Nachhaltigkeitsstandards

2.2.1   Der UN Global Compact

Der UN Global Compact wurde im Juli 2000 mit dem Ziel gegründet, das gesellschaftliche Engagement von Unternehmen zu fördern. Er folgt einem prinzipienbasierenden Ansatz aus zehn Kernprinzipien, welche sich zum Teil aus der o. g. Erklärung von Rio de Janeiro ableiten und zu denen sich die teilnehmenden Unternehmen und Organisationen verpflichten müssen. Diese zehn Prinzipien werden unterteilt in die Bereiche Menschenrechte, Arbeitsnormen, Umweltschutz und Korruptionsbekämpfung (siehe Tab. 2.1).[5] Im September 2015 wurden diese Grundprinzipien in der „Agenda 2030 für nachhaltige Entwicklung" durch 17 Ziele für nachhaltige Entwicklung (SDGs) inklusive 169 Unterzielen ergänzt. Mit ihnen sollen der Planet und seine Lebensformen geschützt sowie die Lebensgrundlagen für die aktuelle und für zukünftige Generationen bewahrt werden. Die Ziele beinhalten unter anderem die Unterstützung von Klimaschutzmaßnahmen, menschenwürdigen Arbeitsbedingungen bei einem gleichzeitigen nachhaltigen Wirtschaftswachstum sowie die Beendigung von Armut und Hunger in der Welt. Darüber hinaus sollen die Gesundheit und das Wohlergehen aller Menschen sowie deren Zugang zu hochwertiger Bildung, sauberem Wasser, Sanitäreinrichtungen und bezahlbarer und sauberer Energie gefördert werden.[6]

Insgesamt kann man den UN Global Compact als weltweite Erfolgsgeschichte bezeichnen. So startete er mit 44 Unternehmen und verfügte bereits im Jahr 2021 über 12.000 unternehmerische und 3000 andere Teilnehmer.[7]

---

[4] Vgl. Sailer, 2013, S. 27, Henkel et al., 2021, S. 12 sowie Wagner et al., 2019, S. 25.

[5] Vgl. Rieth, 2009, S. 172 ff.; Campe/Rieth, 2007, S. III sowie UN Global Compact, 2021, S. 36.

[6] Vgl. Filho, 2019, S. V sowie UN Global Compact, 2021, S. 18 f.

[7] Vgl. UN Global Compact, 2021, S. 4.

Tab. 2.1 10 Grundprinzipien des UN Global Compact[8]

Wertebereich	Prinzipien
Menschenrechte	1. Unternehmen sollen den Schutz der internationalen Menschenrechte unterstützen und achten
	2. Unternehmen sollen sicherstellen, dass sie sich nicht an Menschenrechtsverletzungen mitschuldig machen
Arbeitsnormen	3. Unternehmen sollen die Vereinigungsfreiheit und die wirksame Anerkennung des Rechts auf Kollektivverhandlungen wahren
	4. Unternehmen sollen für die Beseitigung aller Formen von Zwangsarbeit eintreten
	5. Unternehmen sollen für die Abschaffung von Kinderarbeit eintreten
	6. Unternehmen sollen für die Beseitigung von Diskriminierung bei Anstellung und Erwerbstätigkeit eintreten
Umweltschutz	7. Unternehmen sollen im Umgang mit Umweltpro-blemen dem Vorsorgeprinzip folgen
	8. Unternehmen sollen Initiativen ergreifen, um ein größeres Umweltbewusstsein zu fördern
	9. Unternehmen sollen die Entwicklung und Verbreitung umweltfreundlicher Technologien beschleunigen
Korruptionsbekämpfung	10. Unternehmen sollen gegen alle Arten der Korruption eintreten, einschließlich Erpressung und Bestechung

2.2.2 Der ESG-Standard

Das Akronym ESG leitet sich aus den englischsprachigen Wörtern „Environment" (Umwelt), „Social" (Soziales/Gesellschaft) und „(Corporate) Governance" (Unternehmensführung/-struktur) ab und stammt im strengeren Sinne aus der Finanzwirtschaft. ESG-Kriterien bewerten die Nachhaltigkeit geschäftlicher Aktivitäten.[9] Der Teilbereich Environment betrachtet den Umweltaspekt, speziell den voranschreitenden Klimawandel, während die Social-Dimension soziale Aspekte in den Mittelpunkt ihrer Bewertung nimmt. Der Governance-Bereich beurteilt, inwieweit Nachhaltigkeit strukturell in den Unternehmen verankert ist, und verbindet in gewisser Weise die beiden vorgenannten Aspekte. So ist eine gute

---

[8] Eigene Darstellung: in Anlehnung an UN Global Compact, 2021, S. 36.
[9] Vgl. Gleißner/Romeike, 2020, S. 391 sowie Erchinger et al., 2022, S. 8.

Unternehmensführung die Voraussetzung für eine nachhaltige Bewirtschaftung, bei gleichzeitiger Beachtung von Arbeits- und Lebensstandards.[10]

Zwar können die zehn Prinzipen des UN Global Compact als Grundlage im Entwicklungsprozess der ESG-Faktoren angesehen werden[11], jedoch hat sich bis heute kein einheitlicher, allgemeingültiger Standard in der konkreten Bewertung und Darstellung der einzelnen ESG-Kriterien herausgebildet.[12] So existieren zahlreiche nationale und internationale Standards, die von europäischen Finanzinstituten zur Bewertung und Darstellung von ESG-Kriterien genutzt werden. Als Beispiele können der GRI-Standard, die Richtlinien der EFFAS mit ihren ESG-KPIs und der Kriterienkatalog des DNK genannt werden. Diese drei Standards bewerten die Unternehmungen zwar alle anhand von Kriterien, wie beispielsweise den Treibhausgasemissionen, jedoch existiert zwischen den Ansätzen ein zum Teil großer Unterschied in der Herangehensweise bzw. der konkreten Auswahl und Gewichtung der Kriterien.[13]

Auch bei den Finanzaufsichtsbehörden unterscheiden sich, je nach Themenbezug, die ESG-Definitionen. So definiert die BaFin ESG in Bezug auf Geldanlagen, vordergründig unter Verweis auf die in der EU-Taxonomie genannten Umweltziele und sozialen Mindeststandards, welche in Abschn. 3.2 näher erläutert werden.[14] Hierzu passende ESG-Merkmale zählt die BaFin zudem in ihrem „Merkblatt zum Umgang mit Nachhaltigkeitsrisiken" auf, welches großen Einfluss auf die Bewertung von Nachhaltigkeitsrisiken durch das Risikomanagement und daraus folgend für die Kreditportfolien der Institute nimmt und ebenfalls in Abschn. 3.2 näher beschrieben wird.[15] Eine risikoaverse Definition der ESG-Faktoren wählt hingegen beispielsweise die EBA in Bezug auf ihren „Report on management and supervision of ESG risks for credit institutions and investment firms". In diesem werden ESG-Faktoren als Umwelt-, Sozial- und Unternehmensführungs-Apekte definiert, die sich positiv oder negativ auf die finanzielle Leistung bzw. die Solvenz eines Unternehmens, eines Staates oder einer Person auswirken können.[16]

---

[10] Vgl. Hartke et al., 2020, S. 14 sowie Gleißner/Romeike, 2020, S. 391.

[11] Vgl. Erchinger et al., 2022, S. 8 f.

[12] Vgl. BaFin, 2020a, S. 39.

[13] Vgl. Erchingeret al., 2022, S. 10 ff. sowie EBA, 2021, S. 22 ff.

[14] Vgl. BaFin, 2021a, o.S.

[15] Vgl. BaFin, 2020a, S. 9 und Seite 13 sowie Erchingeret al., 2022, S. 15.

[16] Vgl. EBA, 2021, S. 31.

2.3 Nachhaltigkeit im unternehmerischen Kontext

2.3.1 Der Nachhaltigkeitsbegriff aus unternehmerischer Sicht

Da sich das Thema Nachhaltigkeit zu einem zentralen Thema unserer Zeit entwickelt hat, können und wollen sich dem auch die Unternehmen nicht mehr entziehen. Sie haben zunehmend erkannt, dass die Auseinandersetzung mit ihrer unternehmerischen Verantwortung nicht ein leidiges Übel, sondern vielmehr eine wirtschaftliche Notwendigkeit ist, wenn sie langfristig erfolgreich bleiben wollen. Diese Einstellung kann strategisch einen Beitrag leisten, um die Zufriedenheit ihrer Kunden, der Beschäftigten, der Inhaber sowie ihrer Geschäftspartner zu verbessern. Dabei durchdringt Nachhaltigkeit als Querschnittsthema alle Bereiche ihrer Geschäftstätigkeit.[17]

Die Herausforderung besteht für die Unternehmen dabei, neben der Anpassung an die geänderten Marktgegebenheiten, verschärfte Gesetze und Normen umzusetzen und gleichzeitig ihren Unternehmenswert und ihre Profitabilität zu steigern.[18] Hierfür müssen sie zum Teil ganze Wertschöpfungsketten umbauen.[19] Um diese Aufgaben meistern und die Komplexität dieser Aufgabe beherrschen zu können, ist in den Betrieben ein ganzheitliches Nachhaltigkeitsmanagement erforderlich.[20] Im Erfolgsfall können sich für die Unternehmen zahlreiche Chancen, wie beispielhaft die Erschließung neuer Marktbereiche, neue Innovationen, die Differenzierung zum Wettbewerb sowie Wettbewerbsvorteile durch die Steigerung von Energie- und Materialeffizienz, ergeben.[21] Die Möglichkeit einer günstigeren Refinanzierung für die Unternehmen durch die Umsetzung von Nachhaltigkeitsstandards[22] wird im Abschnitt drei näher erläutert, ist an dieser Stelle aber auch bereits zu erwähnen. Auch auf Nachhaltigkeitsrisiken für die Unternehmen wird in Kapitel drei detailliert eingegangen, da diese, wie in der Einleitung beschrieben, eng mit den Kreditrisiken der finanzierenden Kreditinstitute verbunden sind und somit in den Kreditvergabe-standards des Firmenkundenmarkts eine Berücksichtigung finden.

---

[17] Vgl. Pufé, 2017, S. 181 f.; Düber, 2018, S. 30 sowie Pollert/Schade, 2022, S. 42 ff.
[18] Vgl. Eisele, 2021, S. 30 f. sowie Pufé, 2017, S. 183.
[19] Vgl. McKinsey & Company, 2021, S. 6.
[20] Vgl. Eisele, 2021, S. 30 f.; Neske et al. 2023, S. 25.
[21] Vgl. Pufé, 2017, S. 31 f. und S. 182.
[22] Vgl. McKinsey & Company, 2021, S. 92.

2.3.2 Nachhaltigkeitsmanagement in der Bankenbranche und Einordnung der Kreditvergabe

Das Thema Nachhaltigkeit hat sich auch in der Finanzbranche zu einem bedeutenden Einflussfaktor entwickelt.[23] Nach der Digitalisierung handelt es sich für die Branche erneut um ein Querschnittsthema, das nahezu alle Unternehmensbereiche betrifft.[24] Dabei besteht auch für die Kreditinstitute die Herausforderung, die notwendigen Anpassungen ihrer geschäftlichen Tätigkeiten unter gleichzeitiger Berücksichtigung ihrer wirtschaftlichen Interessen im laufenden Geschäftsbetrieb zu bewältigen.[25] Nachhaltigkeitsaspekte beeinflussen neben der Aufrechterhaltung bzw. Optimierung des eigenen Geschäftsbetriebs zunehmend auch Kerngeschäftsfelder der Banken, wie die Kundenberatung, die Eigenanlage sowie das Kreditgeschäft und beeinflussen somit immer stärker das Risikomanagement bzw. die Gesamtbanksteuerung.[26] Dabei müssen die Institute Nachhaltigkeit sowohl operativ, speziell zur Umsetzung der regulatorischen Anforderungen, als auch strategisch, im Rahmen der Überprüfung ihrer Geschäftsmodelle, betrachten.[27] Dabei stehen viele Banken noch am Anfang dieser Entwicklung und der Umgang mit Nachhaltigkeitsaspekten und -risiken wird die Finanzwirtschaft auch in den nächsten Jahren stark beschäftigen.[28]

Das Kreditgeschäft der Banken nimmt in diesem Zusammenhang eine bedeutende Rolle ein.[29] Es ist seit jeher ein zentraler Ertragsbringer der Institute, zählt aufgrund der Ausfallrisiken der Kreditengagements jedoch auch zu den wesentlichen Risikoarten im Bankgeschäft.[30] Die Bedeutungszunahme von Nachhaltigkeitskriterien in den Kreditvergabepraktiken der Banken ergibt sich dabei nicht nur aus dem immer stärkeren Fokus der Aufsicht und den sich bietenden Marktchancen aus der Transformation der Wirtschaft, sondern auch aufgrund der immer stärker wahrnehmbaren Bonitätsbeeinflussung des Kreditgeschäfts durch Nachhaltigkeitsrisiken.[31] So können sich beispielsweise Klimarisiken

---

[23] Vgl. Betz, 2022, S. 35 sowie Malzkorn/Ebert, 2020, S. 66.

[24] Vgl. Malzkorn/Ebert, 2020, S. 66; Blomeyer, 2022, S. 45 sowie Ries, 2022, S. 17 f.

[25] Vgl. McKinsey & Company, 2021, S. 85 sowie Westermann-Lammers, 2021, S. 49.

[26] Vgl. Holste/Mervelskemper, 2021, S. 35; Waschbusch et al., 2021, S. 12 sowie Sidki et al., 2021, S. 48.

[27] Vgl. Betz, 2022, S. 36.

[28] Vgl. DK, 2021, S. 3 sowie Wimmer/Ender, 2020, S. 20.

[29] Vgl. Malzkorn/Ebert, 2020, S. 67.

[30] Vgl. Hellenkamp, 2022, S. 144.

[31] Vgl. Malzkorn/Ebert, 2020, S. 67.

auf alle Faktoren (Ausfallwahrscheinlichkeit, Verlustquote und Ausfallkredithöhe) des erwarteten Kreditverlusts auswirken. Extremwetterereignisse können geschäftsnotwendige Vermögenswerte der Unternehmen zerstören, wodurch deren Ausfallwahrscheinlichkeit steigt und auch die Verlustquote zunimmt, falls die zerstörten Vermögenswerte als Sicherheit hinterlegt waren. Die Ausfallkredithöhe kann beeinflusst werden, wenn das betroffene Unternehmen zur Bewältigung dieses Ereignisses zusätzlichen Kapitalbedarf anmeldet und der Kreditgeber vor einem Abwägungsproblem steht.[32]

---

[32] Vgl. Hertel, 2021, S. 339 f.

Nachhaltigkeitsstandards in der Kreditvergabe im Firmenkundengeschäft

3

3.1 Anspruchsgruppen und deren Zielsetzung

Aufgrund der Bedeutung der Nachhaltigkeit für die Gesellschaft und die Unternehmen, verwundert es nicht, dass zahlreiche unternehmensexterne wie -interne Stakeholder Einfluss auf die Nachhaltigkeitsstandards der Firmenkundenfinanzierung der Banken nehmen.

Als bedeutende unternehmensexterne Stakeholder können die Politik und die Aufsicht genannt werden. Nicht zuletzt seit den Beschlüssen der Pariser Klimaschutzkonferenz 2015 und den fast zeitgleich entstandenen 17 SDGs der UN besteht der breite politische Konsens, die Finanzierung nachhaltigen Wirtschaftens fördern zu müssen.[1] Die EU hat hierfür, entsprechend ihrer eigens definierten Vorreiterrolle beim Thema Nachhaltigkeit, mit dem „Aktionsplan zur Finanzierung nachhaltigen Wachstums" 2018 und der darauf aufbauenden „Strategie zur Finanzierung einer nachhaltigen Wirtschaft" 2021 umfangreiche Reformen beschlossen. Diese verfolgen, neben der Schaffung eines nachhaltigen Finanzsystems und der Erhöhung der Widerstandskraft des Finanzsystems gegen Klimarisiken, speziell das Ziel, KMU einen besseren Zugang zu nachhaltigen Finanzierungslösungen zu ermöglich.[2] Doch nicht nur die internationale Politik hat das Thema Nachhaltigkeit aufgegriffen. So verfolgt die Bundesregierung das Ziel, Deutschland zu einem führenden Standort für ein nachhaltiges Finanzsystem

---

[1] Vgl. Westermann-Lammers, 2021, S .47 sowie Betz, 2022, S. 35.

[2] Vgl. Berensmann, 2022, S. 34 f.

© Der/die Autor(en), exklusiv lizenziert an Springer Fachmedien Wiesbaden GmbH, ein Teil von Springer Nature 2023
H.-C. Brauweiler und C. Berger, *Nachhaltigkeitsstandards in der Kreditvergabe im Firmenkundengeschäft*, essentials,
https://doi.org/10.1007/978-3-658-42546-3_3

zu entwickeln,[3] was dementsprechend auch nachhaltige Finanzierungslösungen einschließt.

Nach dem Willen der Aufsicht sind Nachhaltigkeitsrisiken in den Risikomanagementsystemen der Institute zu implementieren.[4] Insbesondere bei kleinen Instituten wird die Regulatorik aktuell als wichtigster Treiber für die Berücksichtigung von Nachhaltigkeitsaspekten in der Kreditvergabe gesehen.[5]

Neben Politik und Aufsicht können auch Investoren und Eigentümer der Institute an dieser Stelle genannt werden. So sehen einige Kreditinstitute einen Zusammenhang zwischen der Berücksichtigung von ESG-Kriterien und der Profitabilität und Kreditwürdigkeit von Unternehmen sowie der Berücksichtigung von Nachhaltigkeitsaspekten in ihrer Kreditvergabe aus Performance-Gründen.[6] Darüber hinaus ist zu beobachten, dass die Nachfrage nach nachhaltigen Investments in den letzten Jahren stetig zugenommen hat.[7] Da sich das Kreditgeschäft zu einem immer wichtigeren Baustein des Nachhaltigkeitskonzepts der Banken entwickelt,[8] kann dies somit auch ihre Investitionsentscheidung beeinflussen.

Auch NGOs erwarten eine Positionierung der Banken zu den Nachhaltigkeitsstandards ihrer Unternehmensfinanzierungen und hinterfragen diese sehr kritisch. Als Beispiel kann eine Studie der Deutschen Umwelthilfe und der Umweltorganisation Harvest aus dem Jahr 2022 dienen, die sich mit der Rolle der deutschen Finanzinstitute bei der Finanzierung von entwaldungskritischen Unternehmen auseinandersetzt.[9]

Abschließend sind bei den unternehmensexternen Stakeholdern auch die Kunden der Kreditinstitute aufzuführen. Immer mehr Bankkunden interessiert, wie und worin ihr Geld investiert wird und welche Vorhaben damit finanziert werden. Sie erwarten nachhaltige Produkte und Dienstleistungen von ihrer Hausbank und berücksichtigen dieses Kriterium immer häufiger bei der Wahl ihrer Bankverbindung.[10]

---

[3] Vgl. Westermann-Lammers. 2021, S .47 sowie Sustainable-Finance-Beirat der Bundesregierung, 2022, S. 1.

[4] Vgl. Betz, 2022, S. 35 f.

[5] Vgl. Blomeyer, 2022, S. 42.

[6] Vgl. Blomeyer, 2022, S. 41.

[7] Vgl. Westermann-Lammers, 2021, S .47.

[8] Vgl. Ausführungen Abschn. 2.3.2

[9] Vgl. Yousefi/Lutz, 2022, S. 2 ff.

[10] Vgl. Hellenkamp, 2022, S. 76; Hartke et al., 2020, S. 16 sowie Düber, 2018, S. 30.

Die gestiegenen Anforderungen unternehmensinterner Stakeholder[11] können beispielsweise mit den Mitarbeitern der Institute belegt werden. Diese erwarten zunehmend, dass ihre Arbeitgeber den Umgang mit ESG-Kriterien in ihrer Unternehmenstätigkeit ernst meinen. Über die Auswirkungen auf das Image der Institute als Arbeitgeber, kann dies ein wichtiger Aspekt in der Mitarbeitergewinnung, -bindung und -motivation sein und werden.[12]

Doch nicht nur die Mitarbeiter haben ein Interesse an einer konsistenten und holistischen Nachhaltigkeitsstrategie, sie sollte auch von der Geschäftsleitung verfolgt werden. Dies nicht zuletzt, da die Geschäftsleitervergütung nach § 4 S. 1 InstitutsVergV zum Teil schon indirekt von der Erreichung der unternehmenseigenen Nachhaltigkeitsziele beeinflusst wird. Diese Verordnung legt fest, dass diese Vergütung auf das Erreichen der Ziele der Geschäfts- und Risikostrategie auszurichten ist. Wenn nachhaltige Finanzierungskriterien infolge eines Nachhaltigkeitsmanagements in die Strategien der Bank aufgenommen wurden, sollte sich dies in der Berechnung der Geschäftsleitervergütung wiederfinden. Darüber hinaus gibt es in der Öffentlichkeit und der Aufsicht Forderungen, Nachhaltigkeitskriterien direkter in den Vergütungsregelungen zu berücksichtigen. So erwähnt der aktuelle Entwurf zur Überarbeitung der Auslegungshilfe der BaFin zur InstitutsVergV ein „der Norm des § 10 Abs. 2 innewohnendes Gebot der Nachhaltigkeit".[13]

Funktionsbezogen kann unternehmensintern auch das Risikomanagement aufgeführt werden, dem in den Instituten eine zentrale Rolle beim Erkennen und Vorbeugen von Risiken, somit auch von Nachhaltigkeitsrisiken, zukommt.[14]

3.2 Aufsichtsrechtliche Anforderungen zur nachhaltigkeitsindizierten Kreditvergabe

Wie gezeigt wurde, agieren die Aufsichtsbehörden als wichtige Treiber bei der Integration von Nachhaltigkeitsstandards in den Kreditvergabeprozessen der Banken. Dabei ziehen sich insbesondere die Bewertung der Adressenausfallrisiken aufgrund von Klima- und Umweltrisiken sowie der ESG-Standard wie ein „roter Faden" durch alle regulatorischen Bereiche.[15] Die EU inklusive ihrer

---

[11] Vgl. Betz, 2022, S. 36.
[12] Vgl. Kuhn, 2015, S. 29; Betz, 2022, S. 36 sowie Röseler, 2019, 28.
[13] Vgl. Ries, 2022, S. 14 ff.
[14] Vgl. Hastenteufel/Weber, 2021, S. 5.
[15] Vgl. Neisen et al., 2022, S. 10 ff. sowie Loa, 2020, S. 16.

europäischen Finanzaufsichtsbehörden bemüht sich hierbei verstärkt EU-weite Regelungen zu treffen. Hierdurch sollen grenzüberschreitende Transaktionen der Banken erleichtert und eine Zersplitterung des EU-Marktes vorgebeugt werden.[16] Diesem Ansatz folgend, werden nachfolgend die Standards und Erwartungen der internationalen Aufsichtsbehörden und Standardsetter betrachtet, bevor die Überleitung zu den nationalen Regelungen erfolgt. Abschließend wird in diesem Kapitel eine kurze Diskussion über aktuelle regulatorische Entwicklungen sowie ein Überblick über die erarbeiteten aufsichtsrechlichen Veröffentlichungen gegeben.

Als Grundlage der europäischen Nachhaltigkeitsregulierung wird in vielen Bereichen die EU-Taxonomie-Verordnung gesehen. Diese wurde im Juli 2020 verabschiedet und besitzt als EU-Verordnung eine allgemeine Gültigkeit, mit unmittelbarer Wirksamkeit in den EU-Mitgliedsstaaten.[17] Die Taxonomie-Verordnung legt unter anderem die Kriterien für eine einheitliche Definition einer ökologisch nachhaltigen Wirtschaftstätigkeit fest. Dies ist der Fall, wenn die Tätigkeit anhand technischer Kriterien nachweislich und wesentlich zu einem der sechs Umweltziele des Artikel 9 der Verordnung beiträgt und gleichzeitig keines der Ziele erheblich beeinträchtigt. Die definierten Umweltziele lauten:

- Klimaschutz
- Anpassung an den Klimawandel
- die nachhaltige Nutzung und Schutz von Wasser- und Meeresressourcen
- der Übergang zu einer Kreislaufwirtschaft
- Vermeidung und Verminderung der Umweltverschmutzung
- Schutz und Wiederherstellung der Biodiversität und der Ökosysteme.[18]

Die Wirtschaftstätigkeiten müssen darüber hinaus die Bestimmungen des Mindestschutzes des Artikels 18 der Taxonomie-Verordnung zu sozialen Standards, speziell zum Thema Menschenrechte, Korruptionsbekämpfung, Arbeitsbedingungen und Arbeitsorganisation und Wettbewerbsfairness, erfüllen, um als ökologisch nachhaltig eingestuft werden zu können.[19] Neben dieser Definition führt Art. 8 der Taxonomie-Verordnung mit der GAR eine neue Nachhaltigkeitskennzahl für

---

[16] Vgl. Kronat, 2021, S. 26 f.

[17] Vgl. Kronat, 2021, S. 26 f., Hellenkamp, 2022, S. 76 f. sowie EU-Verordnung 2020/852 v. 18.6.2020, S. L 198/43.

[18] Vgl. EU-Verordnung 2020/852 v. 18.6.2020, S. L 198/27 und S. L 198/29 sowie Bouazza, 2022, S. 33.

[19] Vgl. EU-Verordnung 2020/852 v. 18.6.2020, S. L 198/35; Kronat, 2021, S. 26 f. sowie BaFin, 2021a, o. S.

Kreditinstitute ein. Diese beschreibt das Verhältnis von Taxonomie-konformen Vermögenswerten im Verhältnis zum Gesamtportfolio der Kreditinstitute. Seit 2022 müssen Kreditinstitute in diesem Zusammenhang zunächst berichten, welche Wirtschaftstätigkeiten als Taxonomie-fähig eingestuft werden können. Ab dem Jahr 2024 sind sie schließlich verpflichtet, die finanzierten Taxonomie-konformen Wirtschaftstätigkeiten in ihrer nichtfinanziellen Berichterstattung auszuweisen. Auch wenn die Taxonomie-Verordnung eine Berücksichtigung von Nachhaltigkeitskriterien in den Kreditkonditionen für KMU nicht ausdrücklich fordert, wird davon ausgegangen, dass die Verordnung über die GAR Einfluss auf die Kreditaufnahme von KMU nehmen wird. Wie groß diese Auswirkungen in der Praxis ausfallen werden, ist aktuell jedoch noch nicht absehbar und wird voraussichtlich auch zwischen den Banken variieren.[20]

Es ist jedoch festzustellen, dass die Taxonomie-Verordnung nicht unumstritten ist. Befürworter betonen die Bedeutung einer einheitlichen Definition von ökologisch nachhaltigen Investitionen und der damit verbundenen Reduzierung von Greenwashing-Risiken.[21] Kritiker halten dem entgegen, dass diese Definition zum Teil politisch motiviert entstanden ist und auch zukünftig politische Risiken birgt, wie nicht zuletzt die Diskussion um die Einstufung von Atomkraft als ökologisch nachhaltige Energieform gezeigt hat.[22] Darüber hinaus wird häufig das Fehlen von sozialen und Unternehmensführungs-Aspekten in der Taxonomie-Verordnung kritisiert, wobei die EU-Kommission hierzu schon an einer Erweiterung arbeitet.[23] Auch die Fokussierung auf den Klimawandel innerhalb der ökologischen Definition ist nicht unumstritten. So sieht die EBA praktische Vorteile, wie eine bessere Quantifizierbarkeit, in den breiter gefassten ökologischen ESG-Faktoren.[24]

Zusammenfassend kann die EU-Taxonomie-Verordnung dennoch als wichtiger Grundbaustein für das Nachhaltigkeitsverständnis in der europäischen Finanzindustrie angesehen werden. Obwohl sie sich in erster Linie an den Kapitalmarkt richtet und nur zum Teil auf die Kreditvergabe der Institute anzuwenden ist, ist sie auch für die nachhaltigkeitsindizierte Kreditvergabe von großer Bedeutung.[25]

---

[20] Vgl. Lopatta, 2022, S. 116; Neisen et al., 2022, S. 15; Wimmer/Ender,2022, S. 26 sowie McClellan/Bilican, 2022, S. 53.

[21] Vgl. Berensmann, 2022, S. 34.

[22] Vgl. Weeber, 2022, S. 35.

[23] Vgl. Hartke et al., 2020, S. 15 sowie Europäische Kommission, 2021, S. 11 f.

[24] Vgl. Siemensmeyer, 2021, S. 36.

[25] Vgl. Siemensmeyer, 2021, S. 36.

In gewisser Weise begegnet die EBA in ihren Leitlinien zur Kreditvergabe und Überwachung einigen der Kritikpunkten an der Taxonomie-Verordnung. Diese Leitlinien wurden von der EBA im Mai 2020 mit dem Ziel veröffentlicht, einen Anstieg von ausfallgefährdeten Kreditengagements zu verhindern. Sie verfolgen dabei unter anderem einen holistischen Ansatz zur Integration von ESG-Kriterien und den mit ihnen verbundenen Risiken, über alle relevanten Prozessstufen der Kreditvergabe und anschließenden Kreditüberwachung.[26] Die Leitlinien besitzen für die direkt von der EBA überwachten Institute seit dem 30.6.2021 Gültigkeit, wobei für die Bestimmungen zur Kreditüberwachung, im Falle einer mangelnden Datenlage in den Bestandskrediten, eine Übergangsfrist bis zum 30.6.2024 gilt.[27]

Die Integration von ESG-Kriterien in die Kreditvergabeprozesse beginnt für die EBA bereits auf strategischer Ebene. Hierfür sollen die Leitungsorgane der Banken ein Leitbild vorgeben, in dem die Kreditrisikokultur, als Bestandteil der Gesamtrisikokultur, neben den Prüfungskriterien zur Leistungsfähigkeit der Kreditnehmer und deren Sicherheiten sowie der Auswirkung auf die Kapitalsituation der Bank, Nachhaltigkeitskriterien insbesondere in Bezug auf die ESG-Faktoren berücksichtigt.[28] ESG-Faktoren und die damit verbundenen ESG-Risiken sowie eine ökologisch nachhaltige Kreditvergabe sollen, wo anwendbar, in die Strategien und Verfahren zur Berücksichtigung des Kreditrisikos integriert werden.[29] Die Einschränkung „wo anwendbar" in der RZ 38 k macht dabei deutlich, dass der EBA in diesem Zusammenhang bewusst ist, dass dies nicht immer vollumfänglich möglich ist. Im Fall der Anwendung sollen sich die ESG-Faktoren und damit verbundene Risiken in den Strategien für den Kreditrisikoappetit und das Kreditrisikomanagement wiederfinden.[30]

Bei den ESG-Risiken legt die EBA in ihren Leitlinien den Schwerpunkt insbesondere auf die potenziellen Auswirkungen der Umweltfaktoren und des Klimawandels, die sich negativ auf die Leistungsfähigkeit oder die Sicherheiten der Kreditnehmer auswirken können.[31] Hierbei unterscheidet sie physische und transitorische Risiken. Physische Risiken können sich beispielsweise durch Zerstörungen in Folge von Überschwemmungen oder durch Ernteausfälle nach Dürren ergeben. Transitorische Risiken entstehen für die finanzierten Unternehmen beispielsweise durch ein geändertes Verbraucherverhalten oder aufgrund

---

[26] Vgl. Malzkorn/Ebert, 2020, S. 69 sowie BaFin, 2020b, S. 9.
[27] Vgl. EBA, 2020, S. 8 sowie BaFin, 2020b, S. 9.
[28] Vgl. EBA, 2020, S. 10.
[29] Vgl. EBA, 2020, S. 13.
[30] Vgl. EBA, 2020, S. 17.
[31] Vgl. Abschn. 2.3.2

geänderter CO_2-Grenzwerte in Folge der Umstellung auf eine nachhaltigere Wirtschaft.[32] Den vorgenannten Begriff „ökologisch nachhaltige Kreditvergabe" definiert die EBA als einen Teilaspekt nachhaltiger Finanzierung, der speziell ökologisch nachhaltige Wirtschaftstätigkeiten finanziert.[33] Die EBA empfiehlt Instituten, die diese Kreditform vergeben, für diese separate Strategien und Verfahren zu entwickeln, die sich konsistent zu den übergeordneten Zielen und Verfahren zur nachhaltigen Finanzierung verhalten.[34]

Doch nicht nur auf strategischer Ebene geben die Leitlinien Standards vor. Auch in Bezug auf die operative Kreditvergabe äußert sich die EBA zur Berücksichtigung von ESG-Risiken. Bestandteil der Kreditwürdigkeitsprüfung soll, aufbauend auf der Kreditrisikostrategie, eine mit dem Schwerpunkt auf Klima- und Umweltfaktoren verbundene Prüfung der ESG-Risiken der zu finanzierenden Unternehmen sein. Diese Prüfung muss nach dem Willen der EBA auf Einzelebene der Kreditnehmer erfolgen und hat auch die risikominimierenden Maßnahmen der Unternehmen einzubeziehen. Eine Ausnahme für die Prüfung auf Einzelkreditnehmerebene stellt die Kreditvergabe an Kleinst- und Kleinunternehmen dar, die alternativ auf Portfolioebene stattfinden kann.[35] Nach Definition der EU-Kommission zählen hierzu Unternehmen mit weniger als 50 Mitarbeitern und einem Jahresumsatz bzw. eine Jahresbilanz von maximal 10 Mio. EUR.[36] Für die Identifizierung von Kreditnehmern mit einem erhöhten ESG-Risiko sollen die Institute die Verwendung von Risikoarten prüfen, die beispielsweise klima- und umweltbezogene Risiken einzelner Wirtschaftssektoren in einem Diagramm oder Skalierungssystem hervorheben. Darüber hinaus sind die Geschäftsmodelle von Unternehmen mit erhöhtem ESG-Risiko vor einer positiven Kreditentscheidung tiefgründiger zu analysieren. Dies schließt unter anderem die Prüfung der unternehmensbezogenen Treibhausgasemissionen, des Marktumfeldes, die unternehmensrelevanten ESG-Vorschriften und die daraus resultierenden Auswirkungen auf die finanzielle Leistungsfähigkeit des Unternehmens ein.[37] Auch die Auswirkung der ESG-Faktoren auf hinterlegte Sicherheiten ist im Kreditvergabeprozess zu berücksichtigen.[38] In der sich an die Kreditentscheidung

---

[32] Vgl. EBA, 2020, S. 17 f. sowie Röseler, 2019, S. 22 f.
[33] Vgl. EBA, 2020, S. 5.
[34] Vgl. EBA, 2020, S. 18.
[35] Vgl. EBA, 2020, S. 32 und S. 35.
[36] Vgl. Europäische Kommission 2003/361/EG v. 6.5.2003, S. L 39.
[37] Vgl. EBA, 2020, S. 32 und S. 35.
[38] Vgl. EBA, 2020, S. 47.

anschließenden Dokumentation sind die quantitativen wie qualitativen Ergebnisse der ESG-Prüfung aufzunehmen und in die Kreditüberwachung einzubeziehen.[39]

Eine separate Berücksichtigung der ESG-Risikofaktoren in der Preisgestaltung oder Limitsetzung der Kreditprozesse wird in den EBA-Leitlinien zwar nicht explizit gefordert, kann jedoch argumentativ impliziert werden. So fordert die EBA in der RZ 202 c die Einbeziehung aller relevanten Betriebs- und Verwaltungskosten und somit auch die Einbeziehung der zusätzlichen Detailprüfung für Unternehmen mit erhöhtem ESG-Risiko. In der RZ 202 d wird eine Berücksichtigung aller relevanten Risikokosten, dementsprechend auch der ESG-Risiken, gefordert.[40] Eine Einbeziehung von ESG-Risiken in den Kreditlimits kann sich für die Institute ergeben, wenn sie ESG-Risiken, wie gefordert, in ihrem Kreditrisikoappetit berücksichtigen. Für die Umsetzung des Kreditrisikoappetits sind nach RZ 30 die Konzentrations- sowie die Diversifizierungsziele im Hinblick auf Geschäftsfelder, Regionen, Wirtschaftsbereiche und Produkte zu bestimmen und nach den RZ 31–33 mit geeigneten Parametern und Limiten für ihr aggregiertes Kreditrisiko umzusetzen.[41]

Beide Zusammenhänge, die Berücksichtigung von ESG-Risiken in der Kreditkonditionengestaltung und im Limitsystem, beschreibt die EBA zudem ein Jahr später in ihrem 2021 erschienen „Report on Management and supervision of ESG Risks for credit institutions and investment firms". Der Bericht ist für die Institute zwar kein bindendes Regelwerk, er konkretisiert jedoch die Empfehlungen der EBA zur Verwaltung und Aufsicht von ESG-Risiken. Darüber hinaus wurde er der EU-Kommission und dem EU-Parlament mit der Erwartung übermittelt, seine Erkenntnisse in zukünftigen Strategien zu berücksichtigen und stellt die Grundlage für zukünftige EBA-Leitlinien mit ESG-Risiko-Bezug für die Institute dar.[42] In Abgrenzung zu den EBA-Leitlinien zur Kreditvergabe und Überwachung, die den ESG-Schwerpunkt noch auf Klima- und Umweltrisiken legten, betrachtet die EBA in diesem Bericht den ESG-Begriff weiter gefasst. So definiert sie ESG-Risiken als Risiken, aus aktuellen oder künftigen finanziellen Auswirkungen von ESG-Faktoren auf die Gegenparteien oder Vermögenswerte und bezieht dabei Risikotreiber aus Umwelt und Klima, Soziales und Unternehmensführung, somit aus allen drei ESG-Dimensionen, ein.[43] Der Bericht fordert von den Instituten explizit eine Berücksichtigung der ESG-Risiken in ihrer

---

[39] Vgl. EBA, 2020, S. 44 und S. 57 und S. 58.

[40] Vgl. EBA, 2020, S. 45.

[41] Vgl. EBA, 2020, S. 10 f. und S. 19 f. und S. 55.

[42] Vgl. EBA, 2021, S. 12 f. und S. 110 f.

[43] Vgl. EBA, 2021, S. 33 f.

Konditionsgestaltungs-Strategie und betont die Bedeutung quantitativer und qualitativer KPIs und Limite mit ESG-Risiko-Bezug für das Risiko-Framework der Banken. Auf diese Weise sollen Risikokonzentrationen aus nicht nachhaltigen Wirtschaftssektoren oder besonders geografisch betroffenen Regionen vermieden werden. Um diese Risiken in ihren Kreditportfolien zu verstehen und zu erkennen, fordert die EBA zudem einen aktiven Dialog der Banken mit ihren Kreditnehmern und eine Due-Diligence-Prüfung, die auch ESG-Faktoren berücksichtigt. Durch den Dialog mit den Unternehmen können die Institute fehlende Unternehmensdaten für ihr Bestandskreditgeschäft, wie in den EBA-Leitlinien zur Kreditvergabe und Überwachung gefordert, einholen und einen positiven Einfluss auf die Unternehmen ausüben, wodurch ESG-Risiken bei diesen reduziert werden können. Darüber hinaus ermutigt die EBA die Banken in ihrem Report, ein ESG-Scoring-System einzuführen, das neben seinem möglichen Einfluss auf die Kreditkonditionen auch als Grundlage für Ausschlusslisten für Unternehmensfinanzierungen dienen kann, deren ESG-Score nicht mehr mit dem Risikoappetit der Institute vereinbar ist.[44]

In Bezug auf die Prüfungsmethoden der Aufsicht ist dem Bericht zu entnehmen, dass die Aufsichtsbehörden angehalten werden, die Berücksichtigung von ESG-Risiken in den Kreditvergabeprozessen der Institute zukünftig detaillierter zu betrachten. Dies beinhaltet eine Prüfung der strategischen Berücksichtigung von ESG-Risiken, inklusive der Verteilung von Verantwortlichkeiten im Kontrollrahmen, der die Kreditstrategie steuert. Darüber hinaus wird geprüft, wie ESG-Risiken in den Instituten identifiziert, gemessen, gesteuert und überwacht und in die Kreditvergabe und Kreditüberwachung einbezogen werden. Außerdem wird zukünftig überprüft, welche Kriterien von den Instituten für die ökologisch nachhaltige Kreditvergabe genutzt werden und wie die Überwachung der Investition der bereitgestellten Finanzmittel und der aus ihnen erzielten Erträge erfolgt.[45]

Neben der EBA veröffentlichte auch die EZB ihre Erwartungen zur Berücksichtigung von Nachhaltigkeitsrisiken in den Kreditvergabestandards der SIs. So hat sie bereits im November 2020 ihren „Leitfaden zum Umgang mit Klima- und Umweltrisiken" veröffentlicht, der unter anderem auf den Leitlinien der EBA zur Kreditvergabe und Überwachung aufbaut. In diesem Leitfaden konkretisiert die EZB ihre Erwartungshaltung, wie die SIs Risikotreiber aus Klima- und Umweltrisiken in ihre Geschäfts- und Risikostrategien integrieren sollen. Der Leitfaden ist für die SIs zwar nicht bindend, jedoch ist er für ihren aufsichtsrechtlichen

---

[44] Vgl. EBA, 2021, S. 111 ff. sowie S. 118.
[45] Vgl. EBA, 2021, S. 143 ff.

Dialog mit der EZB heranzuziehen. Dabei war der EZB bei Veröffentlichung
des Leitfadens bewusst, dass sich viele Institute noch in der Entwicklungsphase
bei der Berücksichtigung von Klima- und Umweltrisiken befanden. Den nationalen Aufsichtsbehörden empfiehlt die EZB zudem, die in diesem Dokument
formulierten Erwartungen, im jeweils angemessenen Umfang, im Dialog mit
den von ihnen beaufsichtigten LSIs ebenfalls anzuwenden.[46] Analog der EBA
unterscheidet die EZB in ihrem Leitfaden die Risikotreiber aus Umwelt- und
Klimarisiken in physische und transitorische Risiken und fordert deren Berücksichtigung ebenso in der Kreditrisiko- und Geschäftsstrategie der Institute und
sieht die Verantwortung hierfür ebenfalls bei den Leitungsorganen.[47] Darüber
hinaus fordert die EZB explizit die Beachtung von Klima- und Umweltrisiken im
Risikoframework des institutseigenen Risikoappetits, inklusive der Erarbeitung
geeigneter KRIs und der Festlegung damit verbundener, geeigneter Kreditlimite,
beispielsweise für Wirtschaftssektoren und geografische Gebiete, die in hohem
Maß Klima- und Umweltrisiken ausgesetzt sind.[48] Hierfür konkretisiert die EZB
die aus ihrer Sicht kritisch zu betrachtenden Branchen. Als Sektoren, die mit
größerer Wahrscheinlichkeit von physischen Risiken betroffen sind, führt sie auf:

- die Land- und Forstwirtschaft
- die Fischerei
- das Gesundheitswesen
- den Energiesektor
- den Bergbau
- den Transportsektor
- die Infrastruktur sowie
- den Tourismus

Branchen mit höherer Anfälligkeit für transitorische Risiken sind unter anderem:

- der Energiesektor
- der Transportsektor
- das verarbeitende Gewerbe
- das Baugewerbe sowie ebenfalls
- die Landwirtschaft

---

[46] Vgl. EZB, 2020, S. 3 f. und S. 8 ff. sowie Loa, 2020, S. 15 f.
[47] Vgl. EZB, 2020, S. 11 und S. 19 ff. und 22 f.
[48] Vgl. EZB, 2020, S. 25 ff.

Bei dieser Zuordnung betont die EZB jedoch, dass innerhalb und zwischen den Sektoren oder der konkreten geografischen Lage deutliche Unterschiede in der Risikoeinschätzung auftreten können.[49]

Neben der institutseigenen Berücksichtigung der Klima- und Umweltrisiken in der Kreditrisikostrategie und dem Risikoappetit muss das Risikomanagement der Institute, nach der Erwartung des Leitfadens, zunächst prüfen, wie sich diese Risiken auf die bekannten Risikoarten – somit auch auf das Adressenausfallrisiko – auswirken können.[50] Aufbauend auf dieser Auswertung, der Geschäftsstrategie und des definierten Risikoappetits erwartet die EZB anschließend eine Anpassung der Organisationsstruktur der Institute, sodass alle wesentlichen Klima- und Umweltrisiken, die sich auf die Kreditwürdigkeit und das Scoring bzw. das Rating eines Kunden sowie dessen hinterlegten Sicherheiten auswirken, ermittelt, bewertet und überwacht und in alle relevanten Phasen der Kreditvergabe- und Kreditbearbeitungsprozesse eingebunden werden.[51] Dies kann nach Ansicht der EZB auch die Überarbeitung bzw. Einführung kreditprozessbezogener Regeln und Verfahren, inklusive themenbezogener KPIs notwendig machen.[52] Darüber hinaus fordert auch die EZB, dass Klima- und Umweltrisiken in der Kreditkonditionengestaltung berücksichtigt werden und hebt ebenso die Bedeutung eines konstruktiven Dialogs mit den finanzierten Unternehmen zur Informationsgewinnung und zur Verbesserung der unternehmensbezogenen Nachhaltigkeitsbewertungen hervor.[53]

Es konnte gezeigt werden, dass sich sowohl die EBA als auch die EZB detailliert und aufeinander abgestimmt, strategisch, wie operativ, mit den Nachhaltigkeitsstandards in den Kreditvergabepraktiken der bedeutenden europäischen Banken auseinander-gesetzt und den Instituten bereits detaillierte Handlungsempfehlungen und Regelwerke an die Hand gegeben haben.

Neben diesen beiden Aufsichtsbehörden gibt es noch weitere internationale Behörden und Standardsetter mit Veröffentlichungen in Bezug auf die Berücksichtigung von Nachhaltigkeitsrisiken in der Kreditvergabe der Institute. So äußerte sich beispielhaft auch der Basler Ausschusses für Bankenaufsicht zu diesem Themenbereich.

In seinen im Juni 2022 erschienen „Principles for the effective management and supervision of climate-related financial risks" hebt auch der Basler

---

[49] Vgl. EZB, 2020, S. 14 f. sowie NGFS, 2020, S. 11 und S. 24 ff. und S. 36 ff.
[50] Vgl. EZB, 2020, S. 33 f.
[51] Vgl. EZB, 2020, S. 29 sowie S. 36 ff.
[52] Vgl. EZB, 2020, S. 21 und 35 f. und S. 39.
[53] Vgl. EZB, 2020, S. 36 und S. 40 f.

Ausschuss die Relevanz klimabezogener Risiken für die Kreditportfolien der Banken hervor und fordert deren Berücksichtigung durch die Kreditmanagement-, Kreditprüfungs- und Kreditüberwachsungssysteme über den gesamten Kreditlebenszyklus hinweg. Die Banken sollen die Konzentrationen von Regionen und Sektoren mit klimabezogenen Risiken in ihren Portfolien kennen und geeignete Operationen zur Risikominimierung treffen. Hierfür empfiehlt der Basler Ausschuss die Anpassung der Kreditvergabekriterien, gezieltes Kundenmanagement, Kreditlimits oder Kreditbeschränkungen sowie kürze Kreditlaufzeiten, niedrigere Beleihungsgrenzen oder diskontierte Vermögensbewertungen. Darüber hinaus schlägt er gezielte Risikominderungstechniken für Unternehmen, Sektoren und Regionen vor, die nicht mehr dem Risikoappetit des Instituts entsprechen.[54] In seinen im Dezember 2022 veröffentlichen FAQ zu klimabedingten Risiken wird zudem die Notwendigkeit, klimabezogene Risiken in den Kreditratings zu integrieren, hervorgehoben, sofern diese Risiken Auswirkungen auf die Kreditwürdigkeit der finanzierten Unternehmen haben. Bei Anwendung des IRB-Ansatzes durch die Institute fordert der Ausschuss darüber hinaus ebenfalls die Berücksichtigung klimabezogener Risiken. In den FAQ erkennt er jedoch auch an, dass Daten zu relevanten Klimarisiken zum Teil (noch) nicht zur Verfügung stehen und empfiehlt an dieser Stelle maßvoll auf Expertenwissen zurückzugreifen.[55]

Im Folgenden widmet sich die Ausarbeitung nun den aufsichtsrechtlichen Empfehlungen der deutschen Finanzaufsicht, speziell der BaFin, welche insbesondere für die deutschen LSIs von Bedeutung sind.

Als bedeutende Veröffentlichung zu diesem Thema wird das von der BaFin 2019 herausgegebene und im Januar 2020 geänderte Merkblatt zum Umgang mit Nachhaltigkeitsrisiken angesehen.[56] Es soll den von der BaFin beaufsichtigten Instituten eine Orientierungshilfe im Umgang mit Nachhaltigkeitsrisiken bieten und hat keinen verbindlichen Charakter. Es ist eine Sammlung von Verhaltensweisen, welche von den Instituten, unter Berücksichtigung des Proportionalitätsprinzips, zur Umsetzung gesetzlicher Anforderungen an eine ordnungsgemäße Geschäftsorganisation sowie angemessener Risikomanagementsysteme genutzt und als sinnvolle Ergänzung zur MaRisk angesehen werden kann.[57] Die BaFin erwartet, dass sich die Banken strategisch mit der Bedeutung der Nachhaltigkeit für ihr Unternehmen auseinandersetzen und sieht die Verantwortung, analog

---

[54] Vgl. BCBS, 2022a, S. 6.
[55] Vgl. BCBS, 2022b, S. 10 ff.
[56] Vgl. Hartke et al., 2020, S. 14 f. sowie Wimmer/Ender, 2020, S. 21 f.
[57] Vgl. BaFin, 2020a, S. 9 f. sowie Wimmer/Ender, 2020, S. 21 f.

der europäischen Aufsicht, bei den Leitungsorganen der Institute. Hierbei ist auch der BaFin bewusst, dass die hierfür notwendige Datengrundlage häufig noch unvollständig ist.[58] Die BaFin nutzt im Merkblatt den ESG-Standard für ihr Nachhaltigkeitsverständnis und definiert Nachhaltigkeitsrisiken als Ereignisse oder Bedingungen aus den Bereichen Umwelt, Soziales und Unternehmensführung, deren Eintreten (potenziell) negative Auswirkungen auf die Vermögens-, Finanz- und Ertragslage sowie auf die Reputation eines Kreditinstituts haben können.[59] Nachhaltigkeitsrisiken aus Umwelt und Klimawandel unterteilt auch die BaFin in physische und transitorische Risiken. Dabei stellen die ESG-Risiken nach Ansicht der BaFin keine neue, sondern lediglich die bereits bestehenden Risikoarten beeinflussenden Faktoren dar, die sich vor allem indirekt, beispielsweise über ihren Einfluss auf die Ausfallwahrscheinlichkeiten von Krediten und der Werthaltigkeit von Sicherheiten, auf die Banken auswirken.[60]

Auch die BaFin empfiehlt den Instituten in diesem Zusammenhang, ausgehend von der Geschäftsstrategie, ihre Risikostrategie dahingehend zu überprüft, ob potenzielle institutsbezogene Nachhaltigkeitsrisiken bereits ausreichend berücksichtigt werden, ob (Kreditrisiko-) Konzentrationen bestehen und ob die Risikostrategie und die Organisationsstruktur zum definierten Risikoappetit passen.[61] Zur Steuerung und Begrenzung der ESG-Risiken in der Kreditvergabe zeigt die BaFin konkrete Möglichkeiten auf. So benennt sie neben der Nutzung von Limiten und Ausschlusskriterien, die Nutzung von Positivlisten. Positivlisten dienen der Identifizierung von Unternehmungen, die aufgrund ihrer Nachhaltigkeitskriterien bevorzugt finanziert werden sollen. Eine weitere Möglichkeit ist die Fokussierung der Kreditvergabe auf den Best-in-Class-Ansatz, der sich im Gegensatz zu den Positivlisten auf die nach Nachhaltigkeitskriterien führenden Unternehmen innerhalb einer Branche fokussiert. Dieser Ansatz ist jedoch nicht unumstritten, da er die Gefahr des Greenwashings birgt. Um dieser Gefahr zu begegnen, können die Institute nach Ansicht der BaFin ein normenbasiertes Screening bzw. die ESG-Integration nutzen. Hierunter versteht die BaFin einen Ansatz, der zur Nachhaltigkeitsbewertung der finanzierten Unternehmen einen allgemein anerkannten Standard, beispielsweise des UN Global Compact und im Fall der ESG-Integration einen ganzheitlich ausgerichteten Ansatz, beispielsweise

---

[58] Vgl. BaFin, 2020a, S. 9 und S. 11.
[59] Vgl. BaFin, 2020a, S. 12 ff.
[60] Vgl. BaFin, 2020a, S. 13 f. und S. 18.
[61] Vgl. BaFin, 2020a, S. 19 ff. und S. 23 ff.

die „Principle of responsible Investments", nutzt. Als weitere Umsetzungsmethode führt die BaFin die gezielte Finanzierung von Unternehmungen mit einem positiven Impact auf Umwelt und Gesellschaft auf.[62]

Auch in Bezug auf die Kreditprüfung sieht die BaFin die Relevanz von Nachhaltigkeitsrisiken gegeben und bezieht sich auf die BTO 1.2 der MaRisk. So sollte bereits die Erstprüfung eines Kreditengagements unter der Berücksichtigung von ESG-Risiken erfolgen.[63] Die Institute müssen dabei zur Identifizierung und Beurteilung von Nachhaltigkeitsrisiken nicht zwingend neue Verfahren entwickeln, sondern können das Thema Nachhaltigkeit in ihre bestehenden Verfahren der Risikoanalyse- bzw. Risikoklassifizierung einbauen.[64] Die BaFin betont für die Risikoanalyse, speziell in Bezug auf die transitorischen Risiken, analog der EZB, eine mögliche Variation der Ausprägung zwischen den Unternehmen einer Branche, weshalb ein Nachhaltigkeitsrating des Vertragspartners für die Risikobeurteilung hilfreich sein kann.[65] Analog den Erwartungen der europäischen Aufsichtsbehörden, empfiehlt die BaFin den Instituten, die Intensität ihrer Kreditprüfung an den Risikogehalt des Engagements anzupassen und die ermittelten ESG-Risiken in die Konditionsgestaltung einfließen zu lassen. Bei den Kreditprüfungen für Unternehmen mit erhöhtem Nachhaltigkeitsrisiko sollten die Geschäftsmodelle intensiver analysiert werden. Falls festgestellt wird, dass sich ESG-Risiken auf die bestehenden Branchen- und Länderrisiken sowie die hinterlegten Sicherheiten auswirken und diese weiter steigern, ist dies ebenfalls in der Analyse zu berücksichtigen. Besonders kritische Aspekte eines Engagements sollten schließlich hervorgehoben und anhand von Szenarioanalysen untersucht werden.[66]

Sollte die Kreditprüfung ein erhöhtes Nachhaltigkeitsrisiko feststellen, ist zunächst, analog den EBA- und EZB-Erwartungen, der Dialog mit dem Vertragspartner anzustreben, um bei diesem ein Verhalten zur Reduzierung des Risikos zu erreichen. Darüber hinaus können mit den Unternehmen Verbesserungen ihrer Nachhaltigkeitsbewertungen in der Kreditvergabe vertraglich vereinbart werden, eine gemeinsame Beratung zur Finanzierung von einschlägigen Investitionen zusammen mit Förderbanken angestrebt oder die Finanzierung limitiert bzw. in letzter Konsequenz abgelehnt werden.[67]

---

[62] Vgl. BaFin, 2020a, S. 27 f.
[63] Vgl. BaFin, 2020a, S. 23 und S. 31.
[64] Vgl. BaFin, 2020a, S. 28.
[65] Vgl. BaFin, 2020a, S. 28 f.
[66] Vgl. BaFin, 2020a, S. 28 ff. sowie BaFin, 2021b, S. 31 f.
[67] Vgl. BaFin, 2020a, S. 29 f.

In Bezug auf Kreditratings stellt die BaFin in ihrem Merkblatt fest, dass ESG-Faktoren entsprechend der EU-Ratingverordnung in diese nur zu integrieren sind, wenn sie Einfluss auf die Bonität der Unternehmen bzw. das Kreditrisiko nehmen. Anderenfalls ist eine Berücksichtigung abzulehnen, um die Aussagekraft über die Ausfallwahrscheinlichkeit nicht zu verfälschen. ESG-Ratings ohne Bezug zum Kreditrisiko sollten von den Bonitätsratings klar abgegrenzt werden, um eine Verwechslung auszuschließen und dem Markt die erforderliche Sicherheit zu geben. Kritisch sieht die BaFin das Fehlen einheitlicher ESG-Standards und ESG-Definitionen, da diese eine Voraussetzung für die Etablierung von ESG-Ratings als Informationsquelle von Nachhaltigkeitsbewertungen darstellen.[68]

An dieser Stelle ist auf den am 26.09.2022 veröffentlichten Entwurf der BaFin zur Überarbeitung der aktuellen MaRisk zu verweisen. Mit diesem wird das Ziel der BaFin deutlich, in der Überarbeitung der aktuellen MaRisk, die EBA-Leitlinien zur Kreditvergabe und Überwachung umzusetzen und die in ihnen enthaltenen Bestimmungen zum Umgang mit ESG-Kriterien und -Risiken zu integrieren. Darüber hinaus sieht der Entwurf in Anlehnung an das BaFin Merk-blatt zum Umgang mit Nachhaltigkeitsrisiken Anforderungen an das Management von Nachhaltigkeitsrisiken vor. Somit würden bei entsprechender Umsetzung des Entwurfs die einschlägigen Bestimmungen der EBA-Leitlinien und die bis-her lediglich unverbindlichen Verhaltensweisen des BaFin-Merkblattes für die LSIs in prüfungsrelevante Anforderungen umgewandelt werden. Aktuell wird mit einer zeitnahen Finalisierung der Novelle gerechnet, wobei offen ist, wel-che Übergangsfristen die BaFin den Instituten für die Umsetzung der neuen Anforderungen gewährt.[69]

Da die aufsichtsrechtliche Regulierung jedoch auch mit der bevorstehen-den MaRisk-Novelle nicht als abgeschlossen angesehen werden kann, wird in der Literatur wie auch in der Praxis zukünftig mit weiteren Veröffentlichungen gerechnet.[70] Abzuwarten bleibt, ob es im Rahmen des Entwicklungsprozesses durch die Aufsicht oder einen Standardsetter beispielsweise zu einer allgemein gültigen Definition des ESG-Standards bzw. eines ESG-Ratings kommt. Darüber hinaus sollten bonitätsbeeinflussende ESG-Risiken zwar bereits in den Kredita-tings integriert sein,[71] jedoch ist auch der Grad dieser Berücksichtigung für den

---

[68] Vgl. BaFin, 2020a, S. 39.

[69] Vgl. BaFin, 2022a, o. S. sowie BaFin, 2022b, S. 67 f. und S. 71 und S. 79 sowie Neisen et al., 2023, S. 10 f.

[70] Vgl. Hartke et al., 2020, S. 15 sowie EZB, 2020, S. 4.

[71] Vgl. Ausführungen zu den Veröffentlichungen des BCBS und der BaFin in diesem Kapitel.

Marktteilnehmer teilweise nicht transparent und nicht nachvollziehbar gestaltet. Aus diesem Grund gab es vonseiten der EU-Kommission eine Sondierung zur Schaffung eines einheitlichen ESG-Ratingstandards und zur Verbesserung der Transparenz in Bezug auf die Berücksichtigung von ESG-Risiken in den Ratingnoten. Die Veröffentlichung des Ergebnisses dieser Sondierung steht laut EU-Kommission unmittelbar bevor.[72]

Ein weiteres in der Literatur und Praxis viel diskutiertes Thema ist die Frage, ob nachhaltige Kreditengagements von günstigeren Eigenkapitalunterlegungsvorschriften profitieren sollten. Befürworter argumentieren mit einer Reduzierung der Ausfallwahrscheinlichkeit der Engagements durch die Berücksichtigung von ESG-Risiken und dem erhöhten Aufwand bei der Beachtung von Nachhaltigkeitskriterien bei der Kreditvergabe und Kreditbearbeitung, der so kompensiert werden müsse.[73] Kritiker, zu denen unter anderem auch das BMF gehört, argumentieren hingegen, dass nachhaltige Kredite nicht automatisch risikoärmer sind und sich die ESG-Risiken, sofern sie bonitätsrelevant sind, in den Kreditratings wiederfinden sollten und somit in der Risikobewertung bereits integriert sind. Darüber hinaus sehen Kritiker die Gefahr einer Blasenbildung nachhaltiger Assets, sollten Regelungen der Risikovorsorge entsprechend gelockert werden. Andere Kritiker verweisen auf die politische Neutralität der Aufsicht, die auch für die Finanzierung des Green-Deals gelten sollte.[74] Anzumerken ist hierbei jedoch, dass die Möglichkeit einer vergünstigten Eigenkapitalunterlegung in dem engen Rahmen des Art. 501a CRR II für Infrastrukturinvestitionen bereits besteht.[75] Eine weitere denkbare und diskutierte Alternative ist ein Kapitalaufschlag für Finanzierungen, die den aufsichtsrechtlichen Anforderungen zur Nachhaltigkeit nicht oder nicht vollständig entsprechen.[76] Eine aufsichtsrechtliche Regelung für die Kreditvergabe im Firmenkundenmarkt wird jedoch erst in einigen Jahren erwartet. So prüft die EBA mit Unterstützung des ESRB und der HLEG, aktuell eine entsprechende Initiative, deren Ergebnis sie im Juni 2025 veröffentlichen will.[77]

Neben den aufsichtsrechtlichen Anforderungen zur Implementierung von Nachhaltigkeitskriterien in die Geschäfts- und Risikostrategie und den daraus abgeleiteten Konsequenzen für die Kreditvergabestandards haben die Aufsicht

---

[72] Vgl. Europäische Kommission, 2022, S. 2 ff.

[73] Vgl. Jäger, 2021, o. S. sowie Kronat, 2021, S. 28 f.

[74] Vgl. Kronat, 2021, S. 28 f.; Holle, 2019, S. 15; Pierschel, 2019, 43 ff. sowie Bouazza, 2022, S. 31.

[75] Vgl. Pieper et al., 2021, S. 30 ff.

[76] Vgl. Weeber, 2021, S. 33.

[77] Vgl. Kronat, 2021, S. 29 sowie Weeber, 2021, S. 33.

Tab. 3.1 Übersicht über relevante aufsichtsrechtliche Veröffentlichungen[79]

Veröffentlichung	Umzusetzende Institute	Rechtscharakter
EU-Taxonomie-Verordnung	Allgemeine Gültigkeit in der EU	Verbindliches Rahmenwerk
EBA-Leitlinien zur Kreditvergabe und Überwachung	Sis	Verbindliches Rahmenwerk
EBA-Report on management and super-vison of ESG risks for credit institutions and investment firms	Sis	Erläuterungen, Empfehlungen
EZB-Leitfaden zu Klima- und Umweltrisiken	Sis	Erwartungen
BCBS-Veröffentlichung: Principles for the effective management and supervision of climate-related financial risks	Bankenaufsicht, SIs, LSIs	Grundsätze ohne aktuell bindenden Rechtscharakter
BaFin Merkblatt zum Umgang mit Nachhaltigkeitsrisiken	LSIs	Unverbindliche Verhaltensweisen
7. Novelle der MaRisk	Deutsche bzw. in Deutschland tätige SIs und LSI	Entwurf ohne Gültigkeit bis zur abschließenden Veröffentlichung

und die Politik auch ihre Anforderungen und Erwartungen an die Berichterstattung dieser Nachhaltigkeitskriterien in den letzten Jahren erhöht und konkretisiert. Zu nennen wäre beispielhaft die CSRD-Richtlinie, die die aktuell gültige NFRD-Berichterstattung zukünftig ersetzt und erweitert sowie die Anforderungen an die nicht-finanziellen Erklärungen der Institute nach § 289c HGB.[78] Abschließend sind in der folgenden Tabelle die in diesem Kapitel erläuterten Rahmenwerke für ein besseres Verständnis zusammengefasst (Tab. 3.1).

---

[78] Vgl. EU-Richtlinie 2022/2464 v. 14.12.2022, S. L 322/15 ff.; Bouazza, 2022, S. 31 sowie Helms, 2022, S. 108 f.
[79] Eigene Darstellung.

3.3   Freiwillige Selbstverpflichtungen der Institute

Neben den aufsichtsrechtlichen Vorgaben haben sich viele Institute freiwillige Selbstverpflichtungen bei der Integration von Nachhaltigkeitsaspekten in ihre Geschäftspraktiken auferlegt. Dies erfolgte zum Teil auf Druck ihrer Share- und Stakeholder, zur Reduzierung von Reputationsrisiken oder aufgrund ihres Ziels, eine nachhaltigkeitsbezogene Vorreiterrolle in der Bankenbranche einzunehmen. Da diese Selbstverpflichtungen ebenfalls Einfluss auf die Vergabekriterien der Firmenkundenfinanzierungen nehmen, werden einige Bedeutende im Folgenden vorgestellt.[80]

Eine internationale Initiative sind die „Grundsätze für verantwortungsbewusstes Bankwesen". Dies ist eine globale Partnerschaft der UNEP FI mit dem Finanzsektor und orientiert sich an den Zielen der SDGs der UN und dem Pariser Klimaabkommen. Sie formuliert sechs Prinzipien, die den Banken einen einheitlichen strategischen und operativen nachhaltigen Rahmen über alle ihrer Geschäftsbereiche hinweg geben sollen. Für die Kreditvergabe an Firmenkunden sehen die Grundsätze beispielsweise eine Wirkungsanalyse und bei Bedarf eine Überarbeitung der Kreditvergaberichtlinien zum Beispiel auf Sektorenebene vor. Dies kann unter anderem die Entwicklung und Überwachung einschlägiger KPIs beinhalten, die das Ziel verfolgen, den Impact auf die SDGs und die Klimaziele zu verbessern. Hierfür schlagen sie unter anderem den Aufbau von Know-How in den Kreditausschüssen und in der Kundenberatung, die Nutzung von Ausschlusskriterien sowie die Berücksichtigung von Nachhaltigkeitsaspekten in der Risikobewertung vor. Darüber hinaus verweisen sie auf die Bedeutung einer transparenten Berichterstattung, inklusive des Ausweises der GAR.[81]

Als weiteres Beispiel kann die Initiative „Klimaselbstverpflichtung des deutschen Finanzsektors" aufgeführt werden. Der Initiative gehören 20 Akteure aus dem deutschen Finanzsektor mit einem Aktivvolumen von über 5,5 Billionen EUR und über 46 Mio. Kundenverbindungen an (Stand November 2022). Die Unterzeichner haben sich verpflichtet, ihre Kredit- und Investmentportfolien im Einklang mit den Zielen des Pariser Klimaabkommens auszurichten. Durch gezielte Messungen, Veröffentlichungen und Zielsetzungen möchten die Teilnehmer unter anderem zur Reduzierung der mit den Kreditportfolien verbundenen Emissionen des Finanzsektor beitragen. Die teilnehmenden Institute streben so

---

[80] Vgl. Blomeyer, 2022, S. 42.

[81] Vgl. UNEP FI, 2021, S. 6 und S. 14 f. und S. 22 und S. 28 und S. 47 sowie UNEP FI, 2018, S. 1.

einen Beitrag zum Klimaschutz und für eine nachhaltige und zukunftsfähige Wirtschaft an.[82]

Auch die Sparkassen-Finanzgruppe, die über einen Marktanteil von 41 % in der Mittelstandsfinanzierung verfügt[83], hat unter der Leitung ihres Dachverbands DSGV, eine Selbstverpflichtung für klimafreundliches und nachhaltiges Wirtschaften entwickelt. In dieser bekennen sich die teilnehmenden Sparkassen zu den oben beschriebenen Grundsätzen für verantwortungsbewusstes Bankwesen und der Unterstützung der 17 SDGs der UN. Hierfür möchte sie die Unternehmen, Privatpersonen und Kommunen in ihren Geschäftsgebieten auf ihrem Weg hin zu mehr Nachhaltigkeit durch das Angebot passender Finanzdienstleistungen unterstützen und begleiten. Im Bereich der Firmenkundenfinanzierung empfehlen die teilnehmenden Sparkassen ihren Unternehmenskunden in klimafreundliche Technik zu investieren und dabei die Möglichkeiten der Digitalisierung zu nutzen. Die Sparkassen wollen aktiv Förderprogramme einsetzen und ihre Kreditportfolien im Bewusstsein von Nachhaltigkeitsrisiken aktiv steuern. Dies beinhaltet eine stärkere Berücksichtigung dieser Risiken, inklusive der Entwicklung von Methoden zur Ermittlung der Klimaauswirkungen auf ihre Kreditportfolien. Darüber hinaus haben sie sich das Ziel einer grüneren Refinanzierung durch das Angebot grüner Pfand- und Sparbriefe gesetzt. Auch der aktive Dialog mit ihren Kunden und die Schulung ihrer Führungskräfte und Mitarbeiter soll zum Erreichen des Nachhaltigkeitsziels beitragen.[84] Anzumerken ist an dieser Stelle, dass sich zum Stand 01.06.2023 mit 269 der aktuell 357 Sparkassen zwar bereits ein großer Teil der Sparkassen zur Teilnahme an dieser Initiative entschlossen haben, jedoch noch zahlreiche Institute nicht zu den Zeichnern der Initiative zählen.[85] Dies kann negative Folgen für alle Sparkassen haben. So empfiehlt die BaFin, dass ein freiwilliger Nachhaltigkeitsstandard durch eine ganze Institutsgruppe angewandt werden sollte, da es ein Reputationsrisiko darstellt, wenn einzelne gruppenangehörige Institute Nachhaltigkeitsstandards verletzten, die andere freiwillig befolgen.[86]

Weitere Beispiele für Nachhaltigkeitsinitiativen mit Selbstverpflichtungen von Finanzakteuren sind die Net Zero Banking Alliance Germany und die NGFS der Zentralbanken, die an dieser Stelle jedoch nicht detaillierter erläutert werden.[87]

---

[82] Vgl. Klimaselbstverpflichtung des deutschen Finanzsektors, 2022, S. 1 f.

[83] Vgl. Schleweis, 2022, S. 244.

[84] Vgl. DSGV, 2020b, S. 1 f.

[85] Vgl. DSGV, 2023, S. 1 ff.

[86] Vgl. BaFin, 2020a, S. 38.

[87] Vgl. GSFCG, 2022, S. 3 f. sowie Deutsche Bundesbank, 2022a, S. 6.

3.4 Die praktische Einbindung von Nachhaltigkeitsstandards in der Kreditvergabe der Institute

Wie gezeigt wurde ist jedes Institut gefordert, sein Geschäftsmodell inklusive seiner Kreditvergabepraktiken auf Nachhaltigkeit und die mit ihnen verbundenen Risiken zu überprüfen und auf seine institutsbezogenen Besonderheiten anzupassen. Für die Banken stellt die Integration von Nachhaltigkeitskriterien in ihren Kreditvergabeprozessen eine Herausforderung dar. Dies beginnt schon mit der Definition und dem Angebot von Finanzierungen, die als nachhaltig bzw. Taxonomie-konform eingestuft werden können. So überrascht es nicht, dass sich der Umsetzungsstand der Institute zum Teil sehr stark unterscheidet.[88]

Bei der Überprüfung, inwiefern ihre Standards und Erwartungen bereits im Risikomanagement und der Kreditvergabe berücksichtigt werden, konzentriert sich die Aufsicht aktuell auf Klima- und Umweltrisiken. Hierfür führte die EZB beispielsweise im Jahr 2022 einen ersten Klima-Stresstest für die SIs sowie eine thematische Überprüfung zur Berücksichtigung von Klima- und Umweltrisiken an insgesamt 186 Banken (107 SIs und 79 LSIs) durch.[89]

Beim EZB-Klimastresstest, der für die Institute und Aufsichtsbehörden lediglich als Übung ohne Kapitalauswirkungen gedacht war, stellte die EZB fest, dass die Institute zwar bereits erhebliche Fortschritte in der Berücksichtigung von Klimarisiken gemacht haben, jedoch weiterhin ein großer Verbesserungsbedarf besteht. Vielen Banken fehlten, speziell vor dem Hintergrund ihrer bisherigen Einnahmen aus der Finanzierung von kohlenstoffintensiven Industrien, klar definierte, langfristige Strategien, die dem Übergang zu einer kohlenstoffarmen Wirtschaft gerecht werden. Darüber hinaus berücksichtigen viele Banken Klimarisiken in ihren Kreditrisikomodellen noch nicht oder befinden sich hierbei in einem sehr frühen Stadium. Viele von den Banken berücksichtigten Kreditrisikoparameter reagierten somit relativ unempfindlich gegenüber den in den Szenarien dargestellten Klimaschocks.[90]

Auch in der thematischen Überprüfung zur Berücksichtigung von Klima- und Umweltrisiken hob die EZB bei den betrachteten SIs und LSIs zwar die bereits getätigten Fortschritte bei der Beachtung von Klima- und Umweltrisiken in ihren Geschäftstätigkeiten hervor, sie äußerte jedoch auch erhebliche aufsichtsrechtliche Bedenken hinsichtlich der Ausführungskapazitäten von rund der

---

[88] Vgl. Bouazza, 2022, S. 33.

[89] Vgl. EZB, 2022a, S. 3 sowie EZB, 2022b, S. 2.

[90] Vgl. EZB, 2022a, S. 4 ff. und S. 21 ff.

Hälfte der Institute. Demnach gaben zwar 55 % der Institute an, entsprechende Prozesse entwickelt zu haben, sie setzten sie jedoch nicht effektiv in ihren Kreditentscheidungen um. So wiesen die von den Instituten gesetzten Limite und Schwellenwerte zum großen Teil ein so geringes Ambitionsniveau aus, dass sie keine relevanten Auswirkungen auf die Kreditengagements bzw. das Risikoprofil hatten.[91] Hinzu kommt, dass nur ein Viertel der Institute angab, grundlegende klimabezogene Risiken in allen Phasen des Kreditrisikomanagementzyklusses zu berücksichtigen. Jedoch sieht die EZB bei diesem Prüfungskriterium einen deutlichen Fortschritt. So haben praktisch alle Institute begonnen, klimabezogene Risiken zumindest in Teilen des Kreditrisikomanagementzyklusses zu integrieren. Fast alle Banken bewerten dabei diese Risiken bei ihren Kreditengagements mit Neukunden. Die Mehrheit der Institute integriert ebenfalls klimabezogene Risiken in ihre Kreditvergabe- und Client-Onboarding-Prozesse. Darüber hinaus haben die meisten Institute Ausschlüsse oder Auslaufkriterien bei der Kreditvergabe festgelegt, um Finanzierungen mit einem wesentlichen Klimarisiko zu stoppen bzw. zu limitieren und überwachen die entsprechenden Kunden. Hierfür nutzen die meisten Institute einen allgemeinen Ansatz, der mindestens einen oder wenige Kundenmerkmale (beispielsweise den Wirtschaftssektor oder die Region des Geschäftsbetriebs) berücksichtigt.[92] In Bezug auf die Risikominderung beginnt etwa die Hälfte der Institute, klimabezogene Informationen bei der Bewertung von Sicherheiten und bei den Kreditkonditionen einzubeziehen. Beispielsweise gewähren Institute zunehmend Zinsrabatte für nachhaltigkeitsgebundene Kredite.[93]

Trotz aller anerkannten Fortschritte sind die von der Aufsicht hervorgebrachten Bedenken insofern nachvollziehbar, als dass die EBA-Leitlinien zur Kreditvergabe und Überwachung bereits gültiges Aufsichtsrecht darstellen. Darüber hinaus drängt die EZB die von ihr überwachten Institute zunehmend, auch ihre im Leitfaden zum Umgang mit Klima- und Umweltrisiken formulierten Erwartungen umzusetzen und setzte den SIs hierfür zeitlich gestaffelte Fristen bis Ende 2024.[94]

Für die deutschen LSIs, für die die Veröffentlichungen der deutschen Aufsichtsbehörden in Bezug auf ihre Berücksichtigung von Nachhaltigkeitskriterien in der Kreditvergabe lediglich empfehlenden Charakter haben und noch nicht im aktuellen Aufsichtsrecht, wie beispielsweise der MaRisk, integriert wurden,

---

[91] Vgl. EZB, 2022b, S. 5 sowie EZB, 2022c, S. 1.
[92] Vgl. EZB, 2022b, S. 35.
[93] Vgl. EZB, 2022b, S. 36.
[94] Vgl. EZB, 2022c, S. 1 f.

gab es auch schon Erhebungen der Aufsicht, inwiefern sie Nachhaltigkeitsstandards in ihrer Kreditvergabe berücksichtigen. So beinhaltete der LSI-Stresstest der Bundesbank 2022 bereits Fragen zur Berücksichtigung von Klimarisiken in den Risikoprozessen der LSIs. Hierbei stellte die Bundesbank fest, dass der Großteil der Kreditinstitute, trotz der sich abzeichnenden aufsichtsrechtlichen Verschärfung durch die 7. MaRisk-Novelle, Klimarisiken bisher bestenfalls indirekt in ihrem Risikomanagement berücksichtigt. Sie stellte parallel auch fest, dass die Bedeutung von Klimarisiken von den Instituten aktuell als gering bis moderat eingeschätzt wird. Die Institute erkannten zwar an, dass ihr Firmenkundenkreditgeschäft am stärksten betroffen ist, jedoch schätzten lediglich 4,3 % der Institute transitorische Risiken in diesem Bereich als erheblich (56,8 % als moderat) und 1,4 % der Institute physische Risiken als erheblich (34,9 % als moderat) ein.[95] Die eher geringe Bedeutungswahrnehmung stimmt auch mit einer Umfrage der BaFin von 2021 überein, bei der zwar fast alle befragten Institute den Zusammenhang zwischen Nachhaltigkeits- und Kreditrisiken anerkannten, jedoch nur 10 % diese Risikoart als wesentlich bzw. wesentlichen Risikotreiber für ihr Institut definierten.[96] Mit fehlender Feststellung der Wesentlichkeit ergibt sich somit für die Institute kein Handlungsbedarf nach MaRisk AT 4.2 Nr. 2, den Risikoappetit für diese Risikoart zu bestimmen.[97] Inwiefern diese Einschätzung noch in der Zukunft Bestand hat, bleibt, spätestens mit Inkrafttreten der neuen MaRisk-Novelle, abzuwarten.

Es kann festgestellt werden, dass die Institute eher zögerlich bei der Anpassung ihrer Strategien, Limite und Ausschlusskriterien und somit bei der Umgestaltung ihrer Kreditvergabeprozesse agieren.[98]

Ein Grund hierfür, der auch von der Aufsicht erwartet wurde, wie beispielsweise die Übergangsfristen in den beschriebenen EBA-Leitlinien zeigen, kann die zumeist unvollständige Datenlage von Nachhaltigkeitskriterien in den Unternehmen und Instituten sein.[99] Dies betrifft insbesondere die Finanzierung der mittleren und großen Unternehmen, für die die EBA ein individuelles Nachhaltigkeitsrating vorschreibt. Die Vervollständigung dieser Datensätze stellt für die Institute eine zum Teil schwierige Aufgabe dar. Zwar gibt es in der Praxis bereits verschiedene Ansätze, wie Checklisten, Analyseleitfäden und externe Ratings, um die fehlenden Daten zu vervollständigen, jedoch liegen diese in

---

[95] Vgl. Deutsche Bundesbank, 2022b, S. 9.

[96] Vgl. BaFin, 2021c, S. 8 f.

[97] Vgl. BaFin, 2021b, S. 11.

[98] Vgl. EZB, 2022b, S. 3.

[99] Vgl. Blomeyer, 2022, S. 45 sowie Siemensmeyer, 2021, S. 37.

den finanzierten Unternehmen zum Teil gar nicht vor. Dies kann in einem fehlenden Themenbewusstsein oder in mangelhaften Datenhebungsmöglichkeiten in den Unternehmen begründet sein.[100] Zur Lösung des Problems können an dieser Stelle die steigenden Offenlegungspflichten für Unternehmen beitragen. Aber auch diese Offenlegungspflichten enthalten nur bedingt alle notwendigen Daten, die für eine nachhaltigkeitsindizierte Kreditvergabe notwendig sind.[101] Weitere Hindernisgründe bei der Dateneinholung können eine mangelhafte Standardisierung bei der Datenerhebung und -verarbeitung sowie die mangelnde Erfahrung des Firmenkundenberaters sein. Entsprechend ihrer eigenen Betroffenheit sind die Institute gefordert, zusätzliche Daten- und Analysefähigkeiten sowie gezielt Fähigkeiten in ihrem Personal aufzubauen. In der Literatur wird dabei der Investition in das Know-How besondere Bedeutung beigemessen. So hängt der Erfolg der Nachhaltigkeitsagenda auf Institutsebene bisher meist von einzelnen Personen ab und im Rahmen der Finanzierung insbesondere von den Kundengesprächen.[102] Die hohe Bedeutung dieser Kundengespräche und somit eines gut geschulten Firmenkundenberaters zeigt sich darin, dass die Kundengespräche, wie von der Aufsicht angemerkt, nicht nur für die Informationserhebung entscheidend sind, sondern auch für die aktive Begleitung der Unternehmen bei ihrer nachhaltigen Transformation und somit auch bei der Erhaltung ihrer Finanzierbarkeit für die Banken.[103]

Auch die von den Aufsichtsbehörden geforderte Einbeziehung von Nachhaltigkeitsrisiken in die Konditionengestaltung stellt, speziell in der Umbruchphase, eine Herausforderung für die Banken dar, sodass viele Institute (noch) nicht zwischen Konditionen für nachhaltige und nicht-nachhaltige Finanzierungen unterscheiden. Insbesondere die Gestaltung von Zinsanpassungsklauseln, welche sich auf Nachhaltigkeitskriterien beziehen, bergen verschiedene Hürden. So besteht zwar die theoretische Möglichkeit, diese an eine nachhaltige Ratingnote zu koppeln, da die Ratingsysteme der Banken für den Kunden jedoch nicht vollständig transparent und nicht vollständig nachvollziehbar sind, dürfte dieser Weg in der Praxis ausscheiden.[104] Eine Alternative stellt in diesem Zusammenhang die Vereinbarung von Financial Covenants dar.[105] Werden in diesen Verträgen

---

[100] Vgl. Blomeyer, 2022, S. 44 f. sowie Neisen et al., 2022, S. 16.

[101] Vgl. Siemensmeyer, 2021, S. 36.

[102] Vgl. McKinsey & Company, 2021, S. 88 sowie Siemensmeyer, 2021, S. 37.

[103] Vgl. Betz, 2022, S. 37.

[104] Vgl. Brauweiler, 2018, S. 22 f.

[105] Vgl. Noack et al., 2023 sowie S. Noack/Brauweiler, 2019, S. 77.

nachhaltige Kennziffern als Basis hinterlegt, könnten die Institute die Kreditkonditionen bei einer Verschlechterung anpassen, weitere Sicherheiten fordern oder das Darlehen kündigen.[106] Darüber hinaus besteht für die Produkt- und Konditionengestaltung auch die Möglichkeit, separate nachhaltige Finanzierungsprodukte mit eigenen (vergünstigten) Zinssätzen anzubieten.

In Bezug auf diese nachhaltigen Finanzierungsprodukte haben sich mit den „Green Loans" und den „Sustainability Linked Loans" zwei Produktarten am Markt etabliert. Unter einem Green Loan wird ein Kredit verstanden, dessen Verwendungszweck sowie die Erträge aus dessen Verwendung, eng an ein nachhaltiges Projekt gekoppelt sind. Diese enge Zweckbindung und die umfangreichen Informationspflichten führen zwar dazu, dass einer Zweckentfremdung vorgebeugt wird, jedoch kann diese Kreditart somit nur einen kleinen Teil des Kreditvolumens der Unternehmen einnehmen.[107] Die Sustainability Linked Loans sind wiederum Kreditfazilitäten, deren Konditionen an die Erreichung vorher festgelegter nachhaltiger KPIs (beispielsweise einer Reduzierung des CO_2-Ausstoßes) gekoppelt sind. Eine Erreichung dieser Zielparameter führt zu einer Reduzierung des Kreditzinses, währenddessen eine Verfehlung eine Verteuerung des Kredits zur Folge hat. Da bei den Sustainability Linked Loans keine enge Zweckbindung, wie bei den Green Loans besteht, kommen sie für größere Bereiche der Firmenkreditfinanzierung in Betracht. Auf der anderen Seite bergen sie die Gefahr durch zu strenge KPIs zu stark in die unternehmerischen Entscheidungen der Firmen einzugreifen.[108] Darüber hinaus ist an dieser Stelle auf die beschriebenen Empfehlungen der EBA in ihren Leitlinien zur Kreditvergabe und Überwachung zu verweisen, für diese ökologisch nachhaltigen Kredite eigene Strategien und Verfahren zu entwickeln. Zusammenfassend ist festzustellen, dass die Kreditgewährung über Green Loans und Sustainability Linked Loans eine gute Möglichkeit darstellt, Unternehmen im Rahmen der Konditionengestaltung in der Kreditvergabe zu mehr Nachhaltigkeit zu motivieren. In der Praxis bieten bereits zahlreiche Banken, wie beispielsweise die Bayerische Landesbank, die DZ-Bank und die Commerzbank eine oder beide dieser Kreditarten an.[109]

Es ist zu erkennen, dass es sich bei diesen nachhaltigen Finanzierungsformen nicht mehr nur um ein Nischenprodukt im Firmenkundengeschäft mit kleinen Kreditsummen handelt, da sie zum Teil bereits in Konsortialkrediten vergeben

---

[106] Vgl. Wimmer/Ender, 2020, S. 22 f.

[107] Vgl. Pille/Schöning, 2021, S. 18 sowie Hafner et al., 2020, S. 30 f.

[108] Vgl. Hafner et al., 2020, S. 30 f. sowie Kopp et al., 2021, S. 20.

[109] Vgl. Hafner et al., 2020, S. 17 sowie Commerzbank, 2022, S. 52.

werden.[110] Dies überrascht nicht vor dem Hintergrund, dass die Finanzierungsvolumen, die die Unternehmen für ihren Transformationsprozess benötigen, häufig die Risikotragfähigkeit einzelner Institute übersteigen. Wenn die Aufteilung der einzelnen Kredittranchen in der Gesamtfinanzierung klar geregelt ist und die Auszahlung abgegrenzt erfolgt, kann ein Green Loan bzw. ein Sustainability Linked Loan-Anteil in bestehende oder als Bestandteil von neuen Finanzierungen integriert werden. Im Fall von Sustainability Linked Loan-Anteilen innerhalb einer Konsortialfinanzierung, hat sich in der Praxis die zusätzliche Funktion des „Sustainability Coordinators" bzw. des „Sustainability Agent" etabliert, der für die Festlegung der Rahmenparameter und für die Definition geeigneter KPIs und deren Überprüfung verantwortlich ist.[111]

Eine weitere in der Praxis verbreitete Finanzierungsart mit Nachhaltigkeitsmerkmalen, die ebenfalls explizit von der BaFin benannt wird, stellt für die Banken die Finanzierung in Form von Förderkrediten dar. Diese Finanzierungsform ist für die Banken nicht neu und wird zum Teil stark von ihnen genutzt. So fördert beispielsweise die KfW-Bankengruppe, deren inhaltlicher Schwerpunkt unter anderem die 17 SDGs sind, seit vielen Jahren Projekte für nachhaltige Entwicklung. Auch durch das aktuelle Förderprogramm der KfW-Bankengruppe können die Institute ihren Firmenkunden vorteilhafte Finanzierungen mit den Schwerpunkten wie Energieeffizienz, Erneuerbare Energien, Umwelt und Nachhaltigkeit anbieten.[112]

Über diese nachhaltigen Finanzierungsformen können die Institute ihre GAR verbessern. Zu beobachten ist, dass eine zunehmende Zahl von Banken bestrebt ist, ihre GAR gezielt zu verbessern und verstärkt nachhaltige Themen finanzieren. Jedoch handelt es sich hierbei bereits um einen stark umkämpften Markt und das Erreichen zu anspruchsvoller Ziele ist voraussichtlich nur über einen Preiskampf oder das Eingehen höherer Risiken möglich.[113] Auf der anderen Seite haben sich im deutschen Bankenmarkt Geschäftsmodelle entwickelt, die Nachhaltigkeit als eines ihrer Schwerpunktthemen setzen. Zu nennen sind hierbei beispielsweise die GLS- oder die Umweltbank. So definiert die Umweltbank ihr Kerngeschäft in der Finanzierung von Umweltprojekten. Dies bedeutet, dass sie nur Finanzierungen an Kunden vergibt, die sowohl den ökonomischen als auch den ökologischen Standards des Instituts entsprechen. Im Rahmen ihrer Kreditprüfung ermittelt sie hierfür sowohl ein ökonomisches wie auch ein ökologisches Rating. Anschließend

---

[110] Vgl. Commerzbank, 2022, S. 52.

[111] Vgl. Pille/Schöning, 2021, S. 14 ff.

[112] Vgl. KfW, 2022, S. 9 und S. 65.

[113] Vgl. Blomeyer, 2022, S. 42 sowie Betz, 2022, S. 37.

wird die Kreditentscheidung anhand einer Bewertungsmatrix getroffen, in denen beide Kriterien berücksichtigt werden.[114] Mit dieser getrennten Erhebung von Bonitäts- und Nachhaltigkeitsratings folgt die Umweltbank somit der Empfehlung der BaFin.[115]

3.5 Chancen und Risiken der Kreditvergabe unter Berücksichtigung von Nachhaltigkeitsstandards

Wie bereits gezeigt wurde, sind für die Umstellung der Wirtschaft sehr große Investitionsvolumen der Unternehmen notwendig, wodurch sich für die Banken ein stark wachsendes Marktsegment mit großem Ertragspotenzialen ergibt.[116] Institute, denen es gelingt, sich im Themenfeld nachhaltiger Finanzierungen vom Wettbewerb zu differenzieren, können Wettbewerbsvorteile erlangen und neue Kunden gewinnen. So sind immer mehr Unternehmen an der Verbesserung ihres Nachhaltigkeitsprofils interessiert und fragen aktiv nachhaltige Finanzierungslösungen nach.[117] Darüber hinaus sind mit der umfangreichen Erhebung von Unternehmensdaten im Rahmen der von der Aufsicht geforderten Kundengespräche große Chancen verbunden. Diese Daten können als Grundlage für weitere Beratungsmodule genutzt werden und auf diese Weise Cross-Selling-Potenziale aufzeigen. Durch einen aktiv gestalteten Beratungsprozess im Rahmen der Transformationsbegleitung der Unternehmen kann die Kundenbeziehung der Banken zu ihren Firmenkunden weiter gestärkt werden.[118] In diesem Zusammenhang ist auch der langfristige Charakter, den nachhaltige Investitionen für die Unternehmen darstellen, zu berücksichtigen. Da diese in der Regel mit langfristigen Finanzierungen unterlegt sind, können die Banken ihre Kunden auf diese Weise langfristig an ihr Haus binden.[119] Weitere Wettbewerbsvorteile können sich auch aus der sich an die Finanzierung anschließenden positiven Berichterstattung ergeben. So kann die Berücksichtigung von Nachhaltigkeitskriterien im Firmenkundenkreditgeschäft als Marketinginstrument genutzt werden. Hierdurch können

---

[114] Vgl. Umweltbank AG, 2022, S. 25 ff.

[115] Vgl. Abschn. 3.2: Ausführungen der BaFin zur Trennung von Bonitäts- und ESG-Ratings.

[116] Vgl. Betz, 2022, S. 37 sowie Röseler, 2019, S. 21.

[117] Vgl. Bouazza, 2022, S. 31 sowie Siemensmeyer, 2021, S. 34.

[118] Vgl. Holste/Mervelskemper, 2021, S. 38.

[119] Vgl. Thimann, 2019, S. 71.

auch abseits des Firmenkundensegments neue Kunden und Mitarbeiter geworben und Kundenvertrauen aufgebaut werden.[120]

Der Argumentation der Aufsicht folgend, dass sich Klimarisiken negativ auf die Ausfallwahrscheinlichkeit der Firmenkredite auswirken können,[121] stellt eine Berücksichtigung von Nachhaltigkeitsrisiken in der Kreditvergabe die Chance auf eine Verbesserung des Kreditbewertungsergebnisses durch niedrigere Abschreibungen dar. Wie in Abschn. 3.4 gezeigt wurde, erwartet die Aufsicht zudem, dass ihre Standards konsequenter umgesetzt werden. So kann eine ambitionierte Berücksichtigung von Nachhaltigkeitsstandards in der Kreditvergabe auch als Chance zur Reduzierung von aufsichtsrechtlichen Beanstandungen gesehen werden. Hinzu kommt, dass Institute mit einem hohen Ambitionsniveau neue Standards setzen und als Ansporn für den Wettbewerb dienen können.[122]

Zusätzliche Refinanzierungsmöglichkeiten, wie grüne Sparbriefe oder Green Bonds, die sich aus der Ausreichung nachhaltiger Kredite ergeben, werden in der Literatur ebenso als Chance für die Institute aufgeführt.[123]

Jedoch stehen diesen Chancen aus der Berücksichtigung von Nachhaltigkeitsaspekten in der Firmenkundenfinanzierung auch Risiken gegenüber. So besteht, wie gezeigt wurde, derzeit in vielen Instituten im Kreditgeschäft eine große Abhängigkeit von klimasensiblen Sektoren.[124] Hieraus kann geschlussfolgert werden, dass Institute, denen es nicht gelingt, die finanzierten Unternehmen erfolgreich auf ihrem Weg zu einer nachhaltigen Transformation zu begleiten oder diese Abhängigkeiten in ihren Kreditportfolien zu reduzieren, entsprechenden Ertragsrisiken ausgesetzt sind.

Darüber hinaus kann eine zu ambitionslose Berücksichtigung von Nachhaltigkeitskriterien dazu führen, dass die bei den Chancen beschriebenen Vorteile von den Instituten nicht genutzt werden können, mit entsprechenden Wettbewerbsnachteilen.[125] Es bleibt überdies abzuwarten, inwiefern ambitionsarme Institute für zukünftige Regulationsverschärfungen gerüstet sind.

Weitere Risiken können für die Institute entstehen, wenn ihre Kreditvergabekriterien nicht mit ihrer Nachhaltigkeitsstrategie auf der Gesamthausebene

---

[120] Vgl. Hartke et al., 2020, S. 17; Kremer, 2021, S. 64 sowie Röseler, 2019, S. 26.

[121] Vgl. EZB, 2020, S. 11 ff.

[122] Vgl. Betz, 2020, S. 37.

[123] Vgl. Bouazza, 2022, S. 31.

[124] Vgl. Abschn. 1.1 sowie 3.4.

[125] Vgl. Loa, 2020, S. 15.

übereinstimmen. So würde eine gegenläufige Strategie bzw. gegenläufige Verfahrensweisen dem Grundgedanken der Aufsicht entgegenstehen und darüber hinaus das Risiko von Reputationsschäden für die Institute steigen.[126]

Auch auf Gesamtmarktebene bestehen nicht nur Chancen, sondern auch Risiken. So könnte mit einer zu wohlwollenden Regulatorik für nachhaltige Kreditengagements und einer damit verbundenen Aufweichung des risikobasierten Regulierungsansatzes, die Gefahr einer Blasenbildung von nachhaltigen Assets steigen, mit entsprechend negativen Folgen für die Finanzmarktstabilität. Diesem Argument steht jedoch entgegen, dass beispielsweise die BaFin, auch unabhängig der Nachhaltigkeitsdebatten, strikt am risikobasierten Regulierungsansatz festhält, wie ihre Forderung von unterschiedlichen Ratings für die Bonität und Nachhaltigkeit gezeigt hat.[127]

---

[126] Vgl. Malzkorn/Ebert, 2020, S. 70 sowie Bouazza, 2022, S. 30.
[127] Vgl. Eckhardt, 2020, S. 30 sowie Abschn. 3.2: Diskussion um die Eigenmittelunterlegung nachhaltiger Kredite und Ausführungen zum Bafin Merkblatt zum Umgang mit Nachhaltigkeitsrisiken.

Zusammenfassung und Ausblick 4

4.1 Fazit

Es konnte gezeigt werden, dass Nachhaltigkeitsaspekte in der Bankenbranche, speziell in den Kreditvergabestandards im Firmenkundensegment, stark an Bedeutung gewonnen haben und weiter gewinnen. Zahlreiche Stakeholder erwarten von den Instituten eine immer stärkere Rücksichtnahme auf Nachhaltigkeitsthemen. Insbesondere die Aufsicht fordert die Berücksichtigung von Nachhaltigkeitsrisiken mit immer mehr Nachdruck.

Dabei stellen die EBA-Leitlinien zur Kreditvergabe und Überwachung aktuell den aufsichtsrechtlich verbindlichen Rahmen für die SIs dar. In diesen fordert die EBA, Nachhaltigkeitsstandards in allen relevanten Prozessen zu implementieren. Dies beginnt auf der strategischen Ebene mit der Berücksichtigung von Nachhaltigkeitskriterien in der Kreditrisikokultur sowie der Definition eines hauseigenen nachhaltigkeitsbezogenen Risikoappetits und führt sich in einer Analyse aller Prozessschritte und Verfahren der Kreditprüfung und der Kreditvergabe fort. Dabei sollen die Institute die mit der Finanzierung verbundenen ESG-Risiken, mit dem Schwerpunkt auf Klima- und Umweltrisiken, ermitteln, bewerten, in den Kreditentscheidungen berücksichtigen und anschließend dokumentieren. Zudem formulierten die europäischen Aufsichtsbehörden bereits weitere Stellungnahmen, in denen sie ihre Erwartungen an die SIs präzisierten. So erwartet die Aufsicht unter anderem die Berücksichtigung von Nachhaltigkeitsbewertungen in den Kreditkonditionen, die Unterstützung der finanzierten Unternehmen bei deren Transformation zu einer nachhaltigeren Wirtschaft sowie eine institutsindividuelle Strategie zum Abbau der Abhängigkeit ihrer Kreditportfolien von klimakritischen Wirtschaftstätigkeiten.

H.-C. Brauweiler und C. Berger, *Nachhaltigkeitsstandards in der Kreditvergabe im Firmenkundengeschäft*, essentials, https://doi.org/10.1007/978-3-658-42546-3_4

In Bezug auf die Umsetzung dieser aufsichtsrechtlichen Erwartungen und Vorschriften wurde deutlich, dass die Institute in den letzten Jahren zwar erhebliche Fortschritte erzielten, sie jedoch zum großen Teil noch wesentliche Defizite bei der ganzheitlichen Berücksichtigung von Nachhaltigkeitsstandards aufweisen oder teilweise ein sehr geringes Ambitionsniveau bei der Umsetzung zeigen. Dementsprechend überrascht es nicht, dass die europäische Aufsicht, nachdem sie in den letzten Jahren zunächst bestrebt war Daten zu sammeln und Tests durchzuführen, nun verstärkt auf eine zeitnahe Umsetzung ihrer Standards und Erwartungen durch die SIs drängt.

Dabei konzentriert sich die europäische Aufsicht aktuell verstärkt auf die Auswirkungen von Klima- und Umweltrisiken. Dies ist insofern nachvollziehbar, weil sie damit den Erwartungen der Politik entspricht, die auf eine klimafreundliche Umstellung der Wirtschaft drängt und ökologisch nachhaltige Wirtschaftstätigkeiten bereits einheitlich auf europäischer Ebene durch die Taxonomie-Verordnung definiert wurden. Da jedoch auch gezeigt wurde, dass ein ganzheitliches Nachhaltigkeitsverständnis neben ökologischen auch soziale Aspekte und Kriterien der Unternehmensführung berücksichtigt, besteht hierbei nach Ansicht der Autoren sowohl in Hinblick auf die Bewertung und die Standardsetzung der Aufsicht und der Politik weiterer Handlungsbedarf. So berücksichtigt der in der Finanzbranche weit verbreitete ESG-Standard zwar alle drei Nachhaltigkeitsdimensionen, jedoch stellte selbst die BaFin kritisch fest, dass sich aktuell noch kein einheitlicher ESG-Standard etabliert hat. Ebenso konnte gezeigt werden, dass es für die Marktteilnehmer nicht transparent ist, inwiefern Nachhaltigkeitsrisiken in den Ratings der Ratingagenturen und Institute aufgenommen wurden. Positiv ist in diesem Zusammenhang auf die beschriebene Konsultation der Europäischen Kommission zu verweisen, die dieses Thema aufgegriffen hat und aktuell den Bedarf einer einheitlichen Standardsetzung prüft. Nach Ansicht der Autoren ist ein einheitlicher (ESG-) Standard anzustreben, um eine gleichlautende Bewertung der finanzierten Wirtschaftstätigkeiten zu gewährleisten. Die Bedeutung einer einheitlichen Beurteilung der Unternehmen ergibt sich aus dem Umstand, da diese die Basis für die weitere Berücksichtigung von Nachhaltigkeitsaspekten in der Kreditvergabe sowohl für die Institute als auch für die Aufsicht darstellt. Auch für die Unternehmen ist ein einheitlicher Standard sinnvoll, da ihre Wirtschaftstätigkeit alternativ von den Banken unter Umständen unterschiedlich in der Kreditprüfung bewertet wird und somit schwerer zu kalkulieren ist.

In Bezug auf die nationalen Aufsichtsbehörden wurde festgestellt, dass sie den deutschen LSIs aktuell noch keine verbindlichen Anforderungen hinsichtlich ihrer Nachhaltigkeitsstandards in der Finanzierung ihrer Firmenkunden auferlegt haben. Sie äußerten jedoch ebenfalls bereits Empfehlungen und haben mit einschlägigen Datenerhebungen begonnen. Zudem werden mit der 7. MaRisk-Novelle auch für die LSIs verbindliche aufsichtsrechtliche Anforderungen erwartet, die sich an den Anforderungen der EBA-Leitlinien zur Kreditvergabe und Überwachung orientieren. Somit haben die LSIs aktuell eine Vorbereitungszeit in der Einführung von Nachhaltigkeitsstandards in ihrer Kreditvergabe, die die Institute nutzen sollten. Dass sie dies bereits überwiegend tun, haben die Ausführungen des Abschn. 3.4 gezeigt. Es konnte zudem gezeigt werden, dass jedes Institut gefordert ist, die Nachhaltigkeitsstandards individuell in die unternehmenseigenen Strategien und Prozesse zu implementieren und hiermit zum Teil hohe Anforderungen an die Steuerungssysteme verbunden sind.

Darüber hinaus wurde im Abschn. 3.4 deutlich, dass die Anpassungen der Kreditvergabestandards im Sinne der aufsichtsrechtlichen Anforderungen für die Institute mit weiteren Herausforderungen verbunden sind. Als Beispiele können die zum Teil lückenhafte Datenlage in den Instituten und finanzierten Unternehmen aufgeführt werden sowie mögliche Reputationsrisiken, die entstehen können, wenn die nachhaltigen Finanzierungsstandards nicht konsistent mit der übergeordneten Nachhaltigkeitsstrategie abgestimmt sind.

Dass die Berücksichtigung von Nachhaltigkeitsaspekten in der Firmenkundenfinanzierung jedoch nicht nur als aufsichtsrechtliche Pflicht oder zur Erfüllung der Erwartungen der anderen Stakeholder angesehen werden sollte, zeigen die beschriebenen Chancen, die sich für die Institute bei einer erfolgreichen Umsetzung ergeben können. So können sich die Institute, denen es gelingt, eine ambitionierte Strategie bei der Implementierung von Nachhaltigkeitsstandards umzusetzen, vom Markt differenzieren und bedeutende Wettbewerbsvorteile erlangen. Dass dieser Weg erfolgreich beschritten werden kann, belegen die bereits am Markt etablierten Green Loans und Sustainability Linked Loans, die neuen nachhaltigen Refinanzierungsformen sowie die entstandenen Geschäftsmodelle von Banken, die sich speziell auf die Finanzierung nachhaltiger Projekte spezialisiert haben.

Es lässt sich zusammenfassen, dass die europäischen Banken, ob SIs oder LSIs, begonnen haben, Nachhaltigkeitsstandards in die Kreditvergabe an Unternehmenskunden zu implementieren. Dies kann sowohl aus dem Druck der Aufsicht als auch zur Erlangung der beschriebenen Wettbewerbsvorteile resultieren. Dass die Umstellung ihrer Finanzierungspraktiken und Kreditportfolien für die Institute dabei voraussichtlich einen mittel- bis langfristigen Prozess darstellt, lässt sich aus dem eher zögerlichen Umsetzungsstand sowie der aktuell bestehenden Abhängigkeit von klimapolitisch relevanten Wirtschaftssektoren ableiten. Umso mehr gilt es für die Institute, Nachhaltigkeitsstandards in allen Prozessen der zu integrieren und weiter zu optimieren. Die Aufsichtsbehörden müssen in ihrer zukünftigen Regulierung eine Balance finden, um die Institute auf der einen Seite weiterhin konsequent zu überwachen und zu einer stärkeren Berücksichtigung der Nachhaltigkeitsrisiken zu animieren. Sie müssen jedoch auch die Finanzmarktstabilität als Ganzes im Blick behalten, wie beispielsweise die Diskussion in Bezug auf die Eigenmittelunterlegung gezeigt haben. Darüber hinaus sollten die Aufsichtsbehörden das Tempo und den Umfang ihrer Regulierung bewusst wählen. So wird es für die finanzierten Unternehmen wie für die Institute keine kurzfristig darzustellende Aufgabe sein, alle klimakritischen Wirtschaftsaktivitäten einzustellen bzw. deren Finanzierung zu beenden, wie ebenfalls aus dem hohen Anteil an klimapolitisch relevanten Finanzierungen in den Kreditportfolien der Banken zu schlussfolgern ist.

4.2   Aktuelle Trends

Wie gezeigt wurde, ist der aufsichtsrechtliche Regulierungsprozess sowie der Umsetzungsprozess der Institute bei der Berücksichtigung von Nachhaltigkeitsaspekten noch nicht abgeschlossen.[1] In der Praxis wie auch in der Literatur wird zudem vermutet, dass die Aufsicht ihre Bemühungen zur Steuerung und Offenlegung von Nachhaltigkeitsrisiken weiterentwickeln, sie ihre Vorgaben weiter verschärfen und deren Umsetzung in den Banken intensiver überprüfen wird.[2] Dies beinhaltet auch die Einführung von ESG-Stresstests, die, anders als der bisher durchgeführte Klimastresstest, alle drei Nachhaltigkeitsdimensionen berücksichtigen. Die Herausforderung für die Banken bei diesen Stresstests dürfte neben der Ausweitung der Komplexität auch die notwendige Beurteilung von bisher als sicher geltenden Krediten an Staaten umfassen. So sind die Auswirkungen von ESG-Risiken auf diese Kredite bisher sehr wenig erforscht.[3] In Bezug auf die Komplexität und die häufig fehlenden Unternehmensdaten wird erwartet, dass sich eine Branche von externen Dienstleistern für die Banken entwickelt, die sich auf das Sammeln, Verarbeiten und zur Verfügung stellen dieser ESG-Daten über standardisierte Schnittstellen spezialisiert.[4]

---

[1] Vgl. Abschn. 3.2; zu nennen sind insbesondere die Initiative der EU-Kommission für einen einheitlichen ESG-Standard, die Prüfung der EZB bezüglich einer Anpassung der Eigenmittelvorschriften und die 7. MaRisk-Novelle.

[2] Vgl. Hartke et al., 2020, S. 15, Weeber, 2021, S. 33 sowie EZB, 2020, S. 4.

[3] Vgl. Weeber, 2021, S. 29 ff.

[4] Vgl. Blomeyer, 2022, S. 44.

Was Sie aus diesem *essential* mitnehmen können

- Eine grundlegende Darstellung des Themenkomplexes Nachhaltigkeitsrisiko-management.
- Die aufsichtsrechtlichen Vorstellungen über den Einbezug von Nachhaltigkeit-saspekten in Kreditentscheidungen vor dem Hintergrund einer Ökologisierung der Industrie.
- Bedeutung der Nachhaltigkeitsstandards bei der Kreditvergabe.
- Wie Banken Nachhaltigkeitsrisiken betrachten, bewerten, steuern und warum auch andere Unternehmen diese Wirkung kennen sollten.

Literatur

BaFin – Bundesanstalt für Finanzdienstleistungsaufsicht (2020a): Merkblatt zum Umgang mit Nachhaltigkeitsrisiken. Stand: 13.01.2020a; online verfügbar unter: https://www. BaFin.de/SharedDocs/Downloads/DE/Merkblatt/dl_mb_Nachhaltigkeitsrisiken.pdf;jse ssionid=ACC9C4AA222F43FE2AFEC55858E9F65B.1_cid502?__blob=publicationF ile&v=14, zuletzt geprüft am 20.01.2023

BaFin – Bundesanstalt für Finanzdienstleistungsaufsicht (2020b): BaFin Journal. Juni 2020b. Digitale Revolution in der Krise?; online verfügbar unter: https://www.BaFin.de/ SharedDocs/Downloads/DE/BaFinJournal/2020b/bj_2006.pdf;jsessionid=A256EE1FF 058709093A334B46F6E60D1.1_cid503?__blob=publicationFile&v=7, zuletzt geprüft am 05.02.2023

BaFin – Bundesanstalt für Finanzdienstleistungsaufsicht (2021a): Was ist mit ESG konkret gemeint? Und was hat die Taxonomie für nachhaltige Wirtschaftstätigkeiten damit zu tun?; online verfügbar unter: https://www.BaFin.de/SharedDocs/FAQs/DE/Verbraucher/ NachhaltigeGeldanlage/01_esg.html, zuletzt geprüft am 18.03.2023

BaFin – Bundesanstalt für Finanzdienstleistungsaufsicht (2021b): Rundschreiben 10/2021b (BA) – Mindestanforderungen an das Risikomanagement – MaRisk, online verfüg- bar unter: https://www.BaFin.de/SharedDocs/Downloads/DE/Rundschreiben/dl_rs1 021_MaRisk_pdf_BA.pdf;jsessionid=BAD4DA70A1906E97E2EF11CF062B092F.2_c id503?__blob=publicationFile&v=3, zuletzt geprüft am 09.02.2023

BaFin – Bundesanstalt für Finanzdienstleistungsaufsicht (2021c): Der deutsche Finanzsektor und die Nachhaltigkeitsrisiken: Eine Sachstandserhebung durch die BaFin – Ausführ- licher Bericht-, online verfügbar unter: https://www.BaFin.de/SharedDocs/Downloads/ DE/Aufsichtsrecht/dl_Bericht_Umfrage_Sustainable_Finance.pdf?__blob=publicationF ile&v=1, zuletzt geprüft am 18.02.2023

BaFin – Bundesanstalt für Finanzdienstleistungsaufsicht (2022a): Mindestanforderungen an das Risikomanagement. BaFin konsultiert siebte Novelle des MaRisk-Rundschreibens; online verfügbar unter: https://www.BaFin.de/SharedDocs/Veroeffentlichungen/DE/Mel dung/2022a/meldung_2022a_09_26_Kons_06-2022_MaRisk.html, zuletzt geprüft am: 18.03.2023

H.-C. Brauweiler und C. Berger, *Nachhaltigkeitsstandards in der Kreditvergabe im Firmenkundengeschäft*, essentials, https://doi.org/10.1007/978-3-658-42546-3

BaFin – Bundesanstalt für Finanzdienstleistungsaufsicht (2022b): Entwurf der Änderungs-version zu den Mindestanforderungen an das Risikomanagement – MaRisk; online verfügbar unter: https://www.BaFin.de/SharedDocs/Downloads/DE/Konsultation/2022b/dl_kon_06_22_MaRisk.pdf?__blob=publicationFile&v=4, zuletzt geprüft am 09.02.2023

Bauer, Steffen; Weinlich, Silke (2012): Die Zukunft der UN-Nachhaltigkeits-Architektur – Erwartungen an den „Rio+20"-Gipfel. Analysen und Stellungnahmen 5/2012; online verfügbar unter: https://www.idos-research.de/uploads/media/AuS_5.012_.pdf, zuletzt geprüft am 18.01.2023

BCBS – Basel Committee on Banking Supervision (2022a): Principles for the effective management and supervision of climate-related financial risks. June 2022a; online verfügbar unter: https://www.bis.org/bcbs/publ/d532.pdf, zuletzt geprüft am 07.02.2023

BCBS – Basel Committee on Banking Supervision (2022b): Frequently asked questions on climate-related financial risks. 8 December 2022; online verfügbar unter: https://www.bis.org/bcbs/publ/d543.pdf, zuletzt geprüft am 07.02.2023

Berensmann, Kathrin (2022): Finanzierung der Transformation zur Nachhaltigkeit – eine Herkulesaufgabe für die EU?; in: Zeitschrift für das gesamte Kreditwesen; Ausgabe 1/2022; S. 33–36

Betz, Christoph (2022): Nachhaltigkeit als Treiber der Transformation im Bankensektor; in: Die digitale Bank 2022; Ausgabe 1/2022, 35–37

Blomeyer, Frederik-Bengt (2022): ESG-Kriterien in der Mittelstandsfinanzierung; in: Zeitschrift für das gesamte Kreditwesen; Ausgabe: 5/2022, S. 41–45

Bormann, Frank; Grebhahn, Johannes (2019): Sustainable Finance: Wie „grün" sind die Banken? Herausforderung für Banken und Vermögensverwalter; in: Die Bank; Ausgabe 10/2019; S. 14–15

Bouazza, Miriam (2022): ESG-Financeframeworks für Banken; in: Die Bank; Ausgabe 6/2022; S. 30–33

Brauweiler, Hans-Christian (2015): Risikomanagement in Banken und Kreditinstituten, Springer *essentials*, Springer

Campe, Sabine; Rieth, Lothar (2007): Wie können Corporate Citizens im Global Compact voneinander lernen? Bedingungen, Hemmnisse und Bewertungskriterien; Format: E-Book, Halle (Saale)

Commerzbank (2022): Zusammengefasster gesonderter nichtfinanzieller Bericht; online verfügbar unter: https://www.commerzbank.de/media/nachhaltigkeit/nfe/Commerzbank_NFE_2021.pdf, zuletzt geprüft am 18.02.2023

Deutsche Bundesbank (2022a): Klimabezogene Berichterstattung der Deutschen Bundesbank 2022a. Teil der Eurosystem-weiten Klimaberichterstattung zu den nicht-geldpolitischen Portfolios (NMPPs); online verfügbar unter: https://www.bundesbank.de/resource/blob/893098/f2607337ae9dacbcff0f8ee2571e1cce/mL/2022a-klimabericht-data.pdf, zuletzt geprüft: 10.02.2023

Deutsche Bundesbank (2022b): Ergebnisse des LSI-Stresstests 2022b. Pressekonferenz. 28.9.2022b; online verfügbar unter: https://www.bundesbank.de/resource/blob/897720 9b95bc6cdab8ac43ffea6cf11bcaebc2/mL/2022b-09-28-stresstest-praesentation-data.pdf, zuletzt geprüft: 18.02.2023

DK – Die Deutsche Kreditwirtschaft (2021): Comments. EBA Discussion Paper On management and supervision of ESG risks for credit institutions and investment firms (EBA/DP/

2020/03); online verfügbar unter: https://die-dk.de/media/files/2021-02-11_GBIC_DP_on_ESG_risks_management_and_supervision.pdf, zuletzt geprüft am 02.02.2023

DSGV – Deutscher Sparkassen- und Giroverband e.V. (2020a): Selbstverpflichtung deutscher Sparkassen für klimafreundliches und nachhaltiges Wirtschaften. Erstzeichner – Liste in alphabetischer Reihenfolge; online verfügbar unter: https://www.dsgv.de/bin/servlets/sparkasse/download?path=%2Fcontent%2Fdam%2Fdsgv-de%2Fnewsroom%2F201208_%C3%9Cbersicht_Erstzeichner.pdf&name=Die+Erstzeichner+der+Selbstverpflichtung+f%C3%BCr+nachhaltiges+Wirtschaften.pdf, zuletzt geprüft am 03.02.2023

DSGV – Deutscher Sparkassen- und Giroverband e.V. (2020b): Selbstverpflichtung deutscher Sparkassen für klimafreundliches und nachhaltiges Wirtschaften; online verfügbar unter: https://www.dsgv.de/bin/servlets/sparkasse/download?path=%2Fcontent%2Fdam%2Fdsgv-de%2Fnewsroom%2Fdownloads%2FSelbstverpflichtung_deutscher+Sparkassen_final.pdf&name=Selbstverpflichtung+deutscher+Sparkassen.pdf, zuletzt geprüft am 10.02.2023

DSGV – Deutscher Sparkassen- und Giroverband e.V. (2023): Selbstverpflichtung deutscher Sparkassen für klimafreundliches und nachhaltiges Wirtschaften. Zeichner – Liste in alphabetischer Reihenfolge. 01.06.2023; online verfügbar unter: https://www.dsgv.de/content/dam/dsgv-de/verantwortung/downloads/SV%20SK%20und%20Verbundinstitute_20230601.pdf, zuletzt geprüft am 11.06.2023

Düber, Verena (2018): Sustainable Finance hat Auswirkungen auf den gesamten Bankbetrieb; in: Zeitschrift für das gesamte Kreditwesen; Ausgabe 22/2018, S. 30–32

EBA – European Banking Authority (2020): Leitlinien für die Kreditvergabe und Überwachung. EBA/GL/2020/06; online verfügbar unter: https://www.eba.europa.eu/sites/default/documents/files/document_library/Publications/Guidelines/2020/Guidelines%20on%20loan%20origination%20and%20monitoring/Translations/886677/Final%20Report%20on%20GL%20on%20loan%20origination%20and%20monitoring_COR_DE.pdf, zuletzt geprüft am 02.02.2023

EBA – European Banking Authority (2021): EBA Report. On Management and supervision of ESG Risk for credit Institutions and investment firms. EBA/REP/2021/18; online verfügbar unter: https://www.eba.europa.eu/sites/default/documents/files/document_library/Publications/Reports/2021/1015656/EBA%20Report%20on%20ESG%20risks%20management%20and%20supervision.pdf, zuletzt ge-prüft am 19.01.2023

Eckhardt Philipp (2020): Die Fallstricke der EU-Strategie zur nachhaltigen Finanzierung; in: Zeitschrift für das gesamte Kreditwesen; Ausgabe 1/2020, S. 28–32

Eisele, Olaf (2021): Nachhaltigkeitsmanagement. Chancen nutzen, Risiken vermeiden, Komplexität beherrschen; in: Betriebspraxis & Arbeitsforschung; Ausgabe 241; S. 30–34

Erchinger, Rebekka; Koch, Rosemarie; Schlemminger, Ralf B. (2022): ESG(E)-Kriterien – die Schlüssel zum Aufbau einer nachhaltigen Unternehmensführung. Eine Eignungsanalyse ausgewählter Standardkriterien; Format: E-Book; Wiesbaden

Europäische Kommission (2003): Empfehlung der Kommission vom 6.5.2003 betreffend die Definition der Kleinstunternehmen sowie der kleinen und mittleren Unternehmen. (Bekannt gegeben unter Aktenzeichen K(2003) 1422). (Text von Bedeutung für den EWR). (2003/361/EG); in: Amtsblatt der Europäischen Union: L S. 124/36- S. L 124/

41, online verfügbar unter: https://eur-lex.europa.eu/legal-content/DE/TXT/PDF/?uri=
CELEX:32003H0361, zuletzt geprüft am 05.02.2023

Europäische Kommission (2018): Aktionsplan: Finanzierung nachhaltigen Wachstums;
COM (2018) 97 final vom 08.03.2018; online verfügbar unter: https://eur-lex.europa.eu/
legal-content/DE/TXT/PDF/?uri=CELEX:52018DC0097, zuletzt geprüft am 04.02.2023

Europäische Kommission (2021): Strategie zur Finanzierung einer nachhaltigen Wirtschaft; COM (2021) 390 final; online verfügbar unter https://eur-lex.europa.eu/resource.
html?uri=cellar:9f5e7e95-df06-11eb-895a-01aa75ed71a1.00002/DOC_1&format=PDF,
zuletzt geprüft am 05.02.2023

Europäische Kommission (2022): Konsultation zu einer Folgeabschätzung; online verfügbar
unter: https://ec.europa.eu/info/law/better-regulation/have-your-say/initiatives/13330-
Sustainable-finance-environmental-social-and-governance-ratings-and-sustainability-
risks-in-credit-ratings_en; zuletzt geprüft am: 22.03.2023

Europäisches Parlament; Rat der Europäischen Union (2020): Verordnung (EU) 2020/852
des Europäischen Parlaments und des Rates vom 18.6.2020 über die Einrichtung eines
Rahmens zur Erleichterung nachhaltiger Investitionen und zur Änderung der Verordnung (EU) 2019/2088. (Text von Bedeutung für den EWR); in:Amtsblatt der Europäischen Union; S. L 198/13 – S. L 198/43, online verfügbar unter: https://eur-lex.europa.
eu/legal-content/DE/TXT/PDF/?uri=CELEX:32020R08&from=de, zuletzt geprüft am:
05.02.2023

Europäisches Parlament; Rat der Europäischen Union (2022): Richtlinie (EU) 2022/2464
des Europäischen Parlaments und des Rates vom 14.12.2022 zur Änderung der Verordnung (EU) Nr. 537/2014 und der Richtlinien 2004/109/EG, 2006/43/EG und 2013/34/EU
hinsichtlich der Nachhaltigkeitsberichterstattung von Unternehmen. (Text von Bedeutung
für den EWR); in: Amtsblatt der Europäischen Union; S. L 322/15– S. L 322/80; online
verfügbar unter: https://eur-lex.europa.eu/legal-content/DE/TXT/PDF/?uri=CELEX:320
22L2464&from=D, zuletzt geprüft am: 05.02.2023

EZB- Europäische Zentralbank (2014): Verordnung (EU) Nr. 468/2014 Der Europäischen
Zentralbank vom 16.4.2014 zur Einrichtung eines Rahmenwerks für die Zusammenar-
beit zwischen der Europäischen Zentralbank und den nationalen zuständigen Behörden
und den nationalen benannten Behörden innerhalb des einheitlichen Aufsichtsmechanis-
mus (SSM-Rahmenverordnung) (EZB/2014/17); in: Amtsblatt der Europäischen Union;
S. L 141/1 – L 141/50; online verfügbar unter: https://eur-lex.europa.eu/legal-content/
DE/TXT/PDF/?uri=CELEX:32014R0468&from=de, zuletzt geprüft am 08.03.2023

EZB- Europäische Zentralbank (2020): Leitfaden zu Klima- und Umweltrisiken. Erwartungen der Aufsicht in Bezug auf Risikomanagement und Offenlegungen. November 2020;
online verfügbar unter: https://www.bankingsupervision.europa.eu/ecb/pub/pdf/ssm.202
011finalguideonclimate-relatedandenvironmentalrisks~58213f65de.pdf, zuletzt geprüft
am 06.02.2023

EZB- Europäische Zentralbank (2021): Climate-related risk an financial stability; online verfügbar unter: https://www.ecb.europa.eu/pub/pdf/other/ecb.climateriskfinancialstability2
02107~87822fae81.en.pdf, zuletzt geprüft am 17.01.2023

EZB- Europäische Zentralbank (2022a): 2022 climate risk stress test; online verfügbar
unter: https://www.bankingsupervision.europa.eu/ecb/pub/pdf/ssm.climate_stress_test_r
eport.20220708~2e3cc0999f.de.pdf, zuletzt geprüft am 18.02.2023

EZB- Europäische Zentralbank (2022b): Walking the talk. Banks gearing up to manage risks from climate change and environmental degradation. Results of the 2022a thematic review on climate-related and environmental risks; online verfügbar unter: https://www.bankingsupervision.europa.eu/ecb/pub/pdf/ssm.thematicreviewcerreport112022a%7E2eb322a79c.en.pdf, zuletzt geprüft am 18.02.2023

EZB- Europäische Zentralbank (2022c): EZB setzt Fristen für Banken zum Umgang mit Klimarisiken. Pressemitteilung vom 02.11.2022b; online verfügbar unter: https://www.bundesbank.de/resource/blob/899924/e05406dca679701a9ca1a9088ccb8926/mL/2022b-11-02-fristen-banken-klimarisiken-download.pdf, zuletzt geprüft am 18.02.2023

EZB- Europäische Zentralbank (2023): List of supervised entities; online verfügbar unter: https://www.bankingsupervision.europa.eu/ecb/pub/pdf/ssm.listofsupervisedentities202302.de.pdf?657d10d5503ca61c4fe8ddb69513bf98, zuletzt geprüft am 09.03.2023

Filho, Walther Leal (2019): Aktuelle Ansätze zur Umsetzung der UN-Nachhaltigkeitsziele; Format: E-Book; Berlin

Fischer, Olaf (2014): Allgemeine Bankbetriebswirtschaft. Sicher durch die Zwischen- und Abschlussprüfung zum geprüften Bankfachwirt; 7. Auflage; Format: E-Book; Wiesbaden

Gleißner, Werner; Romeike, Frank (2020): ESG-Risiken und Ihre Quantifizierung; in: Social Credit Rating. Reputation und Vertrauen beurteilen; Hrsg. v. Oliver Everling; Wiesbaden

Grunow, Hans-Werner; Zender, Christoph (2020): Green Finance. Erfolgreiche Schritte Zur Grünen Unternehmensfinanzierung; Format: E-Book; Wiesbaden

GSFCG – Green and Sustainable Finance Cluster Germany e.V. (2022): Net-Zero Banking Alliance Germany (NZBAG). Intro; online verfügbar unter: https://gsfc-germany.com/wp-content/uploads/2022/02/220211_NZBAG-Intro_EN.pdf, zuletzt geprüft am 10.02.2023

Hafner, Claudia; Häßler, Rolf D.; Shahyari, Parisa (2020): Kurswechsel bei deutschen Banken. WWF-Rating zur Integration von Nachhaltigkeit in Kerngeschäftsfeldern der 14 größten Banken Deutschlands; Format: E-Book; Berlin.

Hammerschmidt, Andreas; Seemann, Florian (2021): Banken und ESG-Risiken: Nachhaltigkeitsrisiken messen und vergleichbar machen; in: Die Bank; Ausgabe 5/2021; S. 22–27

Hartke, Volker; Kuhn, Matthias; Wilhelm, Benjamin (2020): Banksteuerung und Nachhaltigkeitsrisiken – Herausforderungen für LSIs; in: Zeitschrift für das gesamte Kreditwesen; Ausgabe 3/2020, S. 14–18

Hastenteufel, Jessica; Weber, Laura (2021): Krisen und ihre Auswirkungen auf das Risikomanagement von Banken; Format: E-Book; Wiesbaden

Hellenkamp, Detlef (2022): Bankwirtschaft; 3. aktualisierte und überarbeitete Auflage; Format: E-Book; Wiesbaden

Helms, Nils (2022) Die nichtfinanzielle Berichterstattung – Analyse der Herausstellungsmöglichkeiten von Genossenschaftsbanken und Sparkassen und das Vorgehen in der Berichtspraxis; in: Zeitschrift für das gesamte Genossenschaftswesen; Ausgabe 2/2022, S. 105–134

Henkel, Anna; Wendt, Björn; Barth, Thomas; Besio, Cristina; Block, Katharina; Böschen, Stefan; Dickel, Sascha; Görgen, Benjamin; Groß, Matthias; Köhrsen, Jens; Pfister, Thomas; Schloßberger, Matthias (2021): Zur Einleitung: Kernaspekte einer Soziologie der Nachhaltigkeit; in: Soziologie der Nachhaltigkeit; Hrsg. v. SONA – Netzwerk Soziologie der Nachhaltigkeit; Format: E-Book; Bielefeld

Hertel, Tobias (2021): Integration von Klimarisiken in das finanzielle Risikomanagement – eine Systematisierung der Herausforderungen; in: Zeitschrift für Bankrecht und Bankwirtschaft; Ausgabe 5/2021, S. 337–347

Holle, Levin (2019): Sustainable Finance auf globaler, europäischer und nationaler Ebene. Eine Einschätzung des Bundesministeriums der Finanzen; in: BaFinPerspektiven. Ausgabe 2/2019. Nachhaltigkeit, S. 11–17; online verfügbar unter: https://www.BaFin.de/SharedDocs/Downloads/DE/BaFinPerspektiven/2019/bp_19-2_sustainable_finance.pdf; jsessionid=7EB8D411F6962AD068412F56FA70890D.1_cid500?__blob=publicationFile&v=9; zuletzt geprüft am: 09.02.2023

Holste, Björn; Mervelskemper, Laura (2021): Kredit-Ratings unter Nachhaltigkeitsaspekten; in: Zeitschrift für das gesamte Kreditwesen; Ausgabe 19/2021, S. 34–38

Jäger, Torsten (2021): Eigenkapitalerleichterungen bei grünen Krediten notwendig; online verfügbar unter: https://bankenverband.de/newsroom/reden_und_interviews/eigenkapital erleichterungen-bei-grunen-krediten-notig/; zuletzt geprüft am 18.03.2023

KfW- Kreditanstalt für Wiederaufbau Bankengruppe (2022): Nachhaltigkeitsbericht 2021. Daten nach GRI, HGB und TCFD; online verfügbar unter: https://www.kfw.de/PDF/Download-Center/Konzernthemen/Nachhaltigkeit/Nachhaltigkeitsbericht-2021.pdf, zuletzt geprüft am: 18.03.2023

Klimaselbstverpflichtung des deutschen Finanzsektors (2022): Vorbereitungsphase der Klimaselbstverpflichtung des deutschen Finanzsektors beendet – Unterzeichner erreichen erste Meilensteine auf dem Weg zur Veröffentlichung von Klimafußabdrücken; online verfügbar unter: https://www.klima-selbstverpflichtung-finanzsektor.de/, zuletzt geprüft am: 15.06.2023

Kopp, Matthias; Shahyari, Parisa; Diaz, Philippe; Häßler, Rolf D. (2021): Deutsche Banken müssen Fahrt aufnehmen. Nachhaltigkeitsanalyse deutscher Banken; Berlin; online verfügbar unter: https://www.wwf.de/fileadmin/fm-wwf/Publikationen-PDF/Unternehmen/WWF-Zweites-Bankenrating.pdf, zuletzt geprüft am 18.02.2023

Kremer, Reinhard (2021): Nachhaltigkeit als Banken-Strategie. Forrester-Studie: Die Institute entdecken die Nachhaltigkeit als strategischen Wettbewerbsvorteil; in: Medianet; Ausgabe 2276, S. 64

Krimphove, Dieter (2019): Die Nachhaltigkeit im Bankrecht; in: Zeitschrift für das gesamte Kreditwesen; Ausgabe 18/2019, S. 39–44

Kronat, Oliver (2021): Die EU-Nachhaltigkeitsregulierung: Eine Herausforderung für den Banken- und Kapitalmarkt; in: Die Bank; Ausgabe 8/2021, S. 26–29

Kuhn, Wolfgang (2015): Nachhaltigkeit – Herausforderung und Chance für Banken; in: Bank und Markt; Ausgabe 4/2015, S. 29–30

Lehmann, Rosa (2022), Die Dritte Dimension: Suche nach dem harten Kern der Nachhaltigkeit; in: Ruperto Carola Forschungsmagazin; Ausgabe 20/2022, S. 60–69

Loa, Jens (2020): Nachhaltigkeit – Disruptionsverstärker und Chancenpotential für Banken; in: Finanzierung Leasing Factoring; Ausgabe 5/2020, S. 13–16

Lopatta, Kerstin (2022): Sustainable Finance: Was ändert sich für den Mittelstand?; in: Forum Nachhaltig Wirtschaften; Ausgabe 2/2022, S. 115–116

Malzkorn, Wolfgang; Ebert, Constantin (2020): Nachhaltigkeitsfaktoren in Risikomanagement und Banksteuerung; in: Die Bank; Ausgabe 3/2020, S. 66–70

McClellan, Angela; Bilican, Kerim (2022): Startschwierigkeiten für die grüne Zeitenwende; in: Die Bank; Ausgabe 8/2022, S. 52–54

McKinsey & Company (2021): Net-Zero Deutschland. Chancen und Herausforderungen auf dem Weg zur Klimaneutralität bis 2045; online verfügbar unter: https://www.mckinsey. de/~/media/mckinsey/locations/europe%20and%20middle%20east/deutschland/news/ presse/2021/2021-09-10%20net-zero%20deutschland/210910_mckinsey_net-zero%20d eutschland.pdf, zuletzt geprüft am 16.01.2023

Neisen, Martin; Büttel, Peter; Sawahn, Wiebke (2022): Regulatorische Agenda 2022 für Vorstand und Aufsichtsrat; in: Zeitschrift für das gesamte Kreditwesen; Ausgabe 3/2022, S. 10–20

Neisen, Martin; Büttel, Peter; Sawahn, Wiebke (2023): Die regulatorische Agenda 2023 für Vorstand und Aufsichtsrat; in: Zeitschrift für das gesamte Kreditwesen; Ausgabe 3/2023, S. 10–20

Neske, A., Bordiyanu I, & Brauweiler, H.-Ch. (2023): A Systematic Literature Review on Theories Utilized Investigating Third-Parties in Sustainable Supply Chain Management. Eurasian Journal of Economic and Business Studies, 67(1), 5-29

NGFS- Network for Greening the Financial System (2020): Guide for Supervisors. Integrating climate-related and environmental risks into prudential supervision. May 2020. Technical document; online verfügbar unter: https://www.ngfs.net/sites/default/files/med ias/documents/ngfs_guide_for_supervisors.pdf, zuletzt geprüft am 06.02.2023

Noack, Stefan; Bordiyanu, Ilona; Zirkler, Bernd; Brauweiler, Hans-Christian (2023): Sustainability Covenants as a financial measure to enhance the Sustainability Performance, Eurasian Journal of Economic and Business Studies, (in Druck)

Noack, Stefan; Brauweiler, Hans-Christian (2019): Covenants in Loan Contracts as a Measure and Aid to reduce Risk, in: Conference Proceedings N1 of the International Congress on International Partnership: Social and Economic Challenges and Trends. Kazakh-American Free University Academic Journal, Ust Kamenogorsk, KAFU 2019, Seiten 74–82

Pierschel, Frank (2019): Nachhaltigkeit als globale Aufgabe; in: BaFinPerspektiven. Ausgabe 2/2019. Nachhaltigkeit, S. 39 - 47; online verfügbar unter: https://www.BaFin.de/ SharedDocs/Downloads/DE/BaFinPerspektiven/2019/bp_19-2_sustainable_finance.pdf; jsessionid=7EB8D411F6962AD068412F56FA70890D.1_cid500?__blob=publicationF ile&v=9; zuletzt geprüft am: 09.02.2023

Pieper, Konstantin; Kaiser, Christian; Kamhawi, Sarah Jane (2021): Die Eigenmittelunterlegung von Infrastrukturinvestitionen nach Art. 501a CRR II; in: Zeitschrift für das gesamte Kreditwesen; Ausgabe 13/2021, S. 30–35

Pille, Michel; Schöning, Stephan (2021): Möglichkeiten und Grenzen von Konsortialfinanzierungen mit ESG-Komponenten; in: Zeitschrift für das gesamte Kreditwesen; Ausgabe 24/2021, S. 14–19.

Platt, Ulrich; Frank, Norbert; Aeschbach, Nicole; Harnisch, Sebastian; Wurster, Stefan (2022): Klimawandel; Format: E-Book, Heidelberg

Pollert, Dirk; Schade, Nikolaus (2022): Strategisches Nachhaltigkeitsmanagement: Wie geht das praktisch?; in: Werkwandel; Ausgabe 2/2022, S. 42–44

Pufé, Iris (2017): Nachhaltigkeit; 3. überarbeitete und erweiterte Auflage; Format: E-Book; Konstanz, München

Rat der Europäischen Union (2013): EU-Verordnung Nr. 1024/2013 Des Rates vom 15.10.2013 zur Übertragung besonderer Aufgaben im Zusammenhang mit der Aufsicht über Kreditinstitute auf die Europäische Zentralbank; in: Amtsblatt der Europäischen Union; S. L 287/63 - L 287/89; online verfügbar unter: https://eur-lex.europa.eu/legal-content/DE/TXT/PDF/?uri=CELEX:32013R1024&from=DE, zuletzt geprüft am 08.03.2023

Rieth, Lotha (2009): Global Governance und Corporate Social Responsibility. Welchen Einfluss haben der UN Global Compact, die Global Reporting Initiative und die OECD Leitsätze auf das CSR-Engagement deutscher Unternehmen?; Format: E-Book; Leverkusen-Opladen

Ries, Isabella (2022): ESG-Ziele als Bestandteile der Vorstandsvergütung; in: Die Bank; Ausgabe: 9/2022, S. 14–18

Röseler, Raimund (2019): Nachhaltigkeit – Herausforderung und Chance für die Kreditwirtschaft; in: BaFinPerspektiven. Ausgabe 2/2019. Nachhaltigkeit, S. 19–28; online verfügbar unter: https://www.BaFin.de/SharedDocs/Downloads/DE/BaFinPerspektiven/2019/bp_19-2_sustainable_finance.pdf;jsessionid=7EB8D411F6962AD06 8412F56FA70890D.1_cid500?__blob=publicationFile&v=9, zuletzt geprüft am 09.02.2023

Rothermel, André; Follert, Florian (2022): Nachhaltigkeitskonzept: Umsetzung durch öffentliche Kapitalmarktteilnehmer; in: Zeitschrift für das gesamte Kreditwesen; Ausgabe 24/2022, S. 22–27

Sailer, Ulrich (2013): Nachhaltigkeit – eine Einführung; in: Nachhaltige Betriebswirtschaftslehre; Hrsg. v. Ernst, Dietmar; Sailer, Ulrich; Format: E-Book; Konstanz, München

Schleweis, Helmut (2022): Teilhabe in der Gesellschaft im Umbruch sichern; in: Nachrichtendienst des Deutschen Vereins für öffentliche und private Fürsorge; Ausgabe 5/2022, S. 243–246

Schulte-Tickmann, Dirk (2023): Was ist Nachhaltigkeit?. Naturphilosophische Reflexionen auf einen vielfältig verwendeten Begriff; Format: E-Book; Baden-Baden

Siemensmeyer, Mario (2021): Drei Herausforderungen der Banken auf dem Weg zu mehr Nachhaltigkeit; in: Zeitschrift für das gesamte Kreditwesen; Ausgabe 17/2021, S. 34–37

Sidki, Marcus; Maier, Björn; Schultheiß, Philipp (2021): Nachhaltigkeit als strategischer Fokus von Kreditinstituten; in: Die Bank; Ausgabe 6/2021; S. 48–52

Sustainable-Finance-Beirat der Bundesregierung (2022): Satzung des Sustainable Finance-Beirats der Bundesregierung in der 20. Legislaturperiode; online verfügbar unter: https://sustainable-finance-beirat.de/wp-content/uploads/2022/06/Satzung_SFB_220614.pdf, zuletzt geprüft am 03.02.2023

Thimann, Christian (2019): Finanzen und Nachhaltigkeit: das Ende des „Weiter so"; In: BaFinPerspektiven. Ausgabe 2/2019. Nachhaltigkeit, S. 63–77; online verfügbar unter: https://www.BaFin.de/SharedDocs/Downloads/DE/BaFinPerspektiven/2019/b2_sustai nable_finance.pdf;jsessionid=7EB8D411F6962AD068412F56FA70890D.1_cid500?__ blob=publicationFile&v=9, zuletzt geprüft am 19.03.2023

Umweltbank AG (2022): Nachhaltigkeits- und Geschäftsbericht 2021; online verfügbar unter: https://www.umweltbank.de/_Resources/Persistent/3/1/1/c/311c91255f881aa5f1 23c785798f81a197310dc8/Geschaeftsbericht-UmweltBank-2021-min-sign.pdf; zuletzt geprüft am 18.02.2023

UN Global Compact (2021): UN Global Compact Strategy 2021–2023; New York; online verfügbar unter: https://ungc-communications-assets.s3.amazonaws.com/docs/about_the_gc/UN-GLOBAL-COMPACT-STRATEGY-2021-2023.pdf, zuletzt geprüft am 19.01.2023

UNEP FI – United Nations environment programme finance initiative (2018): Prinzipien für verantwortliches Bankwesen. Sharing our future. Consultation Version; online verfügbar unter: https://www.bankenverband.li/application/files/9415/5470/92/PRB-Consultation-Document-German-D1.pdf, zuletzt geprüft am: 10.02.2023

UNEP FI – United Nations environment programme finance initiative (2021): Grundsätze für verantwortliches Bankwesen. Leitfaden; online verfügbar unter: https://www.unepfi.org/wordpress/wp-content/uploads/2022/07/PRB-Guidance-Document-Jan-2022-German.pdf, zuletzt geprüft am 10.02.2023

Wagner, Riccardo; Wohlleben, Laura; Rinio, David (2019): Nachhaltigkeit bei der Kreditfinanzierung von Start-ups. Einsatz von Fremdkapital; in: Die Bank; Ausgabe 3/2019, S. 22–27

Waschbusch, Gerd; Kiszka, Sabrina; Strauß, Philipp (2021): Nachhaltigkeit in der Bankenbranche. Ansätze zur Integration des Nachhaltigkeitsgedankens in die bankbetriebliche Praxis; Format: E-Book; Baden-Baden

Weeber, Joachim (2021): ESG-Stresstests zur Identifizierung von Nachhaltigkeitsrisiken bei Banken; in: Zeitschrift für das gesamte Kreditwesen; Ausgabe 11/2021, S. 29–33

Weeber, Joachim (2022): Aufsichtsstrategie – Rahmenplan der Bankenaufsicht; in: Zeitschrift für das gesamte Kreditwesen; Ausgabe 13/2021, S. 32–35

Westermann-Lammers, Erk (2021): Nachhaltigkeit, Finanzwirtschaft und die Rettung der Welt – Sustainable Finance; in: Zeitschrift für das Gesamte Kreditwesen; Ausgabe 10/2021, S. 47–49

Wimmer, Konrad; Ender, Manuela (2020): Finanzwirtschaft und Nachhaltigkeit. Konsequenzen für Risikomanagement und Kreditvergabe; in: Finanzierung Leasing Factoring; Ausgabe: 2/2020, S. 20–23

Wimmer, Konrad; Ender, Manuela (2022): Nachhaltigkeit und Offenlegung: hoher Aufwand für die Banken; in: Zeitschrift für das Gesamte Kreditwesen; Ausgabe 8/2022, S. 22–27

Yousefi, Anahita; Lutz, Tina (2022): Finanzierung der Entwaldung. Der Beitrag des deutschen Finanzsektors zur globalen Waldzerstörung; online verfügbar unter: https://www.duh.de/fileadmin/user_upload/download/Projektinformation/Naturschutz/Entwaldung/220902_DUH_Harvest_Finanzierung_der_Entwaldung.pdf, zuletzt geprüft am 03.02.2023

Printed in the United States
by Baker & Taylor Publisher Services